21.-

La pequeña biblio

Griselda Gambaro Teatro

Griselda Gambaro

Falta de modestia
Mi querida
De profesión maternal
Pedir demasiado
Lo que va dictando el sueño

G R U P O
EDITORIAL
norma

Grupo Editorial Norma
Buenos Aires, Barcelona, Bogotá, Caracas,
Guatemala, Lima, México, Panamá, Quito,
San José, San Juan, San Salvador, Santiago

©2002. Griselda Gambaro
©2002. De esta edición:
Grupo Editorial Norma
San José 831 (C1076AAQ) Buenos Aires
República Argentina
Empresa adherida a la Cámara Argentina del Libro
Diseño de tapa: Magali Canale
Impreso en la Argentina
Printed in Argentina

Primera edición: agosto de 2002

CC: 20942
ISBN: 987-545-065-0

Índice

Falta de modestia

Falta de modestia
1997

Fue estrenada el 22 de setiembre de 1998 en el Teatro General San Martín de Buenos Aires dentro del marco del Festival Internacional de Teatro. Formaba parte de un espectáculo integrado por obras argentinas y europeas de cinco minutos de duración cada una y cuyo título genérico era "La confesión".

Marta: Alicia Zanca

Entra Marta, una mujer madura, con un vestido semejante a un uniforme gris.

Marta: Al principio me costó acostumbrarme. Los horarios rígidos, la oscuridad a hora temprana. El maltrato. No de las otras, que están para eso, sino de las que estaban como yo, encerradas allí. Se burlaron cuando les dije que no me parecía a ellas, que siempre había sido honesta. Empezaron a llamarme la incorruptible, la *señora* honesta. Pero una noche, a oscuras, cada una contó un poco de su vida. Y de pronto, en una pausa, oí mi propia voz. ¿O no era la mía? Era una voz más, ¿cómo decirlo?, desnuda, frágil. Y conté cómo, ya con hijos grandes me había enamorado de... Un ratero, eso era. Me enseñó a tropezar con transeúntes, a darles conversación mientras él, con dedos hábiles, les limpiaba los bolsillos. Nunca sacaba mucho. Robaba a viejas, a hombres cansados. Un día no fue bastante rápido. Cayó y caí con él.

Entonces, desde que conté esto, me dejaron en paz. O mejor dicho, me quisieron. Extraño ser querida por algo así. Me protegieron, me enseñaron cómo... arreglarme con la oscuridad a hora temprana.

Empecé a cambiar. ¿Por qué me mira? Así fueron las cosas. Le conté el final, pero todo final tiene un antes, ¿no es cierto? No sé por qué usted accedió a sentarse ahí, para escucharme. Hay una compulsión en este rito. Lo acepto porque ahora... acepto todo. Lo que importa es el antes.

La vida fue siempre un asunto complicado para mí. Si hubiera nacido... no sé... rica, pero nací pobre. Fue una equivocación. Porque no estaba preparada. Ya en la cuna sentía que esa cuna no me correspondía: ningún encaje, ningún lazo de seda, una sábana rasposa y una manta. Lloraba mucho. *(Ríe)* ¡Me pasé la infancia llorando por lo que no tenía!

De pronto me vi grande, con senos, con el vello oscuro del pubis. Puesta en un lugar que creía no merecer, siempre pobre, una princesa condenada a un tugurio. ¿Era una princesa o era como usted me ve?: una mujer como tantas, sin ningún atributo especial, con esta cara que se olvida pronto.

Me casé y tuve hijos. Los hijos me entretuvieron un rato, pero debería haber sido ciega para no darme cuenta de que tampoco ellos eran, no sé, niños extraordinarios como yo los hubiera deseado. No, eran niños vulgares, con orejas carnosas, ojos pequeños que no expresaban nada. Y mi marido... Pobre cosa. ¿Ve esto? *(Le muestra un botón de su ropa)* Así era, un objeto sin brillo. Se deslomaba trabajando y yo no comprendía por qué terminaba trayendo una miseria. Compró una casa y me la presentó como si fuera una mansión. Recuerdo su necia sonrisa de alegría: esta es nuestra casa y quería decir nuestro palacio, y yo sólo veía una ruina. Cuando murió, me sentí libre, sobre todo de su amor que me agraviaba. Mis hijos crecieron y se marcharon para repetir la misma historia del padre. Siento alivio de no verlos, con sus orejas carnosas. Yo recibí la vida como una camisa demasiado estrecha para mis deseos. Y ahora, que estoy aquí, me pregunto cómo no me di cuenta de que *ésa* era la vida. No mi sueño de una cuna con lazos y moños, sábanas finas, sino esa cuna sobre la que debió inclinarse mi madre. Debió hacerlo muchas veces, pero nunca la vi porque sentía vergüenza de su rostro ancho, sus manos toscas. No supe tragarme las lágrimas de desilusión para mirarla. A partir de ahí, lo perdí todo, me quedé ciega para la vida, ajena. ¿Piensa que es tarde? La casa, a fuer de verla fea, es fea. Los hijos, a fuer de verlos tontos, lo son. ¿Es tarde? Empecé a cambiar. ¿Es tarde? Usted está ahí para alguna respuesta. Para decirme que aún puedo salvarme de la soberbia, esa asesina que mató la belleza del tiempo concedido. Ahora, cuando salga, trataré de ver el día como es. ¿Por qué pretendí tanto? Los deseos de una amazona cuando sólo soy una mujer cuyo rostro se olvida fácilmente. Creí que la vida me debía todo cuando no me debía nada. Llega tan desnuda como un árbol en invierno cuya primavera decidimos. *(Se levanta)* ¿Qué dice? ¿Que es invierno? ¿Que seguirá el invierno?

Mi querida

Mi querida
2001

Este texto, escrito para la actriz Juana Hidalgo, se basa en un cuen-to de Antón Chéjov de 1899, titulado "Duschechka" (almita).

Época de 1900. Entra Olga. Tiene unos sesenta años, rostro fresco, ojos cálidos. Mira a su alrededor, suspira desesperada.

Olga: ¡Otra vez! ¡Cómo llueve! ¡No para más! ¡Todos los días llueve! No hay esperanzas, una nubecita que se aparte. Que se vaya a molestar a otro lado. A un lugar seco, a un desierto. La arena mirando para arriba y diciendo: ¡una nube! No, todas juntas aquí, negras, tirando agua. ¡Lo hacen a propósito! ¡Me condenan a muerte! ¡Me degüellan! ¡Esta lluvia es mi ruina! ¡Una hecatombe!
(Suspira) Así se quejaba. Pobrecito. No le faltaba razón. Tenía un circo, al aire libre. Y es verdad. Llovía. Barro hasta aquí. Con la lluvia no vendía una entrada. Y los artistas seguían comiendo, ¡y cómo comían!, protestaban porque les pagaba con atraso. Eran muchos –los artistas– ¡todos tan gentiles, tan deliciosos!: un prestidigitador que hacía el truco del pañuelo, nada por aquí, nada por allá... y después sacaba de la manga un montón de pañuelitos, un

tirador de puñales al que le temblaba la mano, una mujer barbuda, otra que era la mujer más gorda del mundo, se imaginan ¡cómo comía! –lo desesperaba–, un hermano siamés, sí, *un* siamés, el otro le colgaba al costado, pura piel y huesos, nada, una curiosidad... Había además un muchacho huérfano, muy pecoso, que recitaba Hamlet. Tenía mala memoria y se atascaba siempre. Inventaba y terminaba contando cualquier cosa. Impresionante. No había animales. Algún gato sí, para las lauchas. Pero no actuaba en el circo. Él no quería animales. Porque sufren saltando aros de fuego, los osos haciendo morisquetas... En esto, yo lo apoyaba enteramente. ¡Cómo trabajaba ese hombre! ¡Cómo se deslomaba! De la mañana a la noche ni un respiro. ¿Y qué compensación tenía? Ninguna. El público en su casa. Indiferente. Llovía. Preferían quedarse junto al fuego con los pies secos, tomando la sopa. Ningún sacrificio por el arte.

–Esta es nuestra existencia, señorita. ¡Es para llorar! Uno trabaja, se atormenta, no duerme de noche, ¿para qué? ¿Con qué resultado? ¡Ninguno! ¡Lluvia!

Yo lo oía y la tristeza me dominaba. A él debía de gustarle que me entristeciera, porque se ponía más desesperado. Mi compañía le daba fuerzas. Para la desesperación.

–¿Vio al público? No, no lo vio porque no viene.

¿Y por qué van a molestarse? Se espantan si el barro les ensucia las botas, si los humedece la lluvia. ¿Qué lluvia? ¡Dos gotas! El diluvio. Quieren diversión vulgar, ¡quieren leones, tigres, orangutanes! Pulgas bailarinas. Les gusta la frivolidad. Oír chistes en lugar de Hamlet. El público no viene, ¡que no venga!, pero, ¿no debo pagar a los artistas, no debo alimentarlos? Y usted vio, señorita, ¡cómo comen! Ninguno ayuna. ¿Por qué no contraté al hombre más flaco del mundo en lugar de la mujer más gorda? ¿Y acaso no tengo otras preocupaciones mayores? ¿Impedir que se afeite la mujer barbuda que a veces quiere ser como las otras? ¿Acaso no debo llamar al médico cuando al tirador de puñales le tiembla el pulso y perfora a su partenaire?

Tenía razón.

–¡Y bueno!, se reía. No podía parar de reír– de la angustia.

–¡Que todo se inunde y yo también! ¡Que no conozca la dicha en este mundo ni en el otro! ¡Que me muera después de tanto sufrimiento!

Yo lo escuchaba sin decir nada. ¿Qué iba a decir? Y a veces me ponía a llorar. Para acompañarlo en su desesperación. Me enamoré. Sí, me enamoré. Era chiquito, flaco, de tez amarillenta, tenía un hilo de voz y torcía la boca al hablar. Impresionante. Despertó en mí un sentimiento real, profundo. Yo no podía estar sin querer a alguien. Sin querer a alguien el mundo me parecía un desierto. Siempre estaba ocupada, queriendo. Primero quise a mi papá, que sufría de asma, después a una tía que vivía en el campo, me embarraba de los pies a la cabeza cuando iba a visitarla, ¡pero la quería!, y antes, en el colegio, quise a mi profesor de francés. Y la gente me amaba. Me decía: ¡mi querida!

Me casé con mi pobrecito Iván. La noche de bodas, él tocó mi cuello, mis hombros redondos, yo resplandecía de salud, y él se apartó un poco, juntó las manos y dijo: ¡mi querida!

Noté que estaba muy feliz, pero la noche de bodas llovió, y él no pudo dejar de estar desesperado. Se ve que la felicidad no era su fuerte. Comprensible. ¡Con esa lluvia! Pero conmigo, conoció la felicidad o lo más próximo a la felicidad porque por breves momentos se olvidaba de la lluvia o de la amenaza de la lluvia, y me decía: ¡mi querida! Y yo, ¡yo me sentía tan dichosa con mi Iván y su circo! Me di cuenta de que había nacido para el circo, que estaba destinada al circo. Con las mejillas rojas por el ajetreo, me ocupaba de todo: atendía la boletería, apuntaba los gastos, conformaba a los artistas... Para mí no había nada más importante, más necesario en el mundo que el circo. El circo que es riesgo, emoción, ¡arte! En el teatro, los actores no siempre son buenos y uno tiene que soportarlos en silencio. En cambio, en el circo uno puede moverse, cambiar impresiones: ¡Oh! ¡Ah! ¡Qué maravilla! ¡Cuántos pañuelos saca el prestidigitador! ¡Oh, la mujer barbuda!

Mi emoción cuando se encendían las luces de la pista y aparecía mi Iván, tan pequeñito, vestido de levita, con entorchados en los hombros, en el pecho... –un Dios– para anunciar los números. Y en seguida, entraba la banda *(tararea)*, sonaban los platillos. Y después... después aparecía, toda vestida de negro, la que caminaba, subía escaleras, las bajaba, de pie sobre una pelota de este tamaño. *(Señala)* Siempre parecía a punto de caerse, pero no se caía. Se iba para adelante, para atrás, hacia el costado... Yo sentía el corazón en la boca, me sentaba porque se me aflojaban las piernas, y para sentarse había lugar de sobra...

La gente no se daba cuenta de lo que perdía aburriéndose en su casa. Cada mañana, yo recorría las calles, detenía a los transeúntes, ¡les hablaba del circo! Todos me sonreían, me decían: ¡mi querida!, pero de venir al circo ¡ni pensarlo! Venían dos o tres. Cuando no llovía. Comencé a odiar al público. Iván lo odiaba. Yo también. Iván y yo teníamos motivos para despreciarlo. Por qué, cómo podían ser tan indiferentes al arte que los elevaría, que... Iván y yo no podíamos comprenderlo. Iván y yo sufríamos. Sin embargo, Iván y yo

no escatimábamos esfuerzos. Yo asistía a todas las funciones, intervenía en los ensayos,
corregía al tirador de puñales, le sostenía la
mano para que no le temblara tanto y entonces ¡llegó a unas cimas!, no fallaba casi nunca. Y cuando el diario del pueblo nos critica-
ba, me ponía hecha una fiera. Iba a la redac-
ción a pedir explicaciones. Temblaban todos,
mi presencia era un huracán, ¡un terremoto!
(Dulcemente) Con una furia enorme, yo los
convencía, alegaba que con el corazón cerra-
do uno está ciego, que habían visto mal o no
habían visto, no habían advertido la grandeza
del monólogo de Hamlet –el chico mantenía
la grandeza de Hamlet aunque se perdiera y
terminara hablando de bueyes y vacas–, que
no había prestidigitador como el nuestro.
Me decían ¡mi querida! y yo los notaba arre-
pentidos.
Los artistas me amaban. *(Ríe)* Me llamaban
"Iván y yo" o "mi querida". Yo les cosía la ropa y los alentaba: qué precisión, le decía al tirador de puñales, le envidio la barba, a la mujer barbuda. Una palabra a uno, una palabra
a otro, y todos resplandecían de contento.
Confiaban tanto en mí que a espaldas de Iván
me pedían adelantos. Más que adelantos.
Prometían devolvérmelos pero nunca lo ha-
cían. Se emborrachaban o se compraban un
abrigo. Cuando con sacrificios lván les pagaba, ellos... –¡Mi querida!– me abrazaban.

–¡Ah, sí, el adelanto! Usted es tan bondadosa... ¿Por qué no lo olvida, mi querida? Mi hijo está enfermo, mi madre está enferma, mi esposa, mi perro...– Borrachos como cubas.
–¡Perdone, mi querida!
Eran así... Entonces, yo lloraba y no me quejaba a Iván, que siempre estaba desesperado. Yo no. Porque la desesperación... no sé, no me va. En cambio, Iván nadaba. En la desesperación. Se lamentaba de pérdidas terribles, ¡estoy al borde de la ruina!, exclamaba el pobrecito, aunque ya no nos iba tan mal, llovía menos o la gente por fin había despertado a la grandeza del arte. Yo estaba contenta, en cambio él... Enflaquecía, se ponía más amarillento a cada instante, tosía de noche y yo le preparaba jarabes, tazas de tilo, y lo frotaba con agua de colonia. ¡Qué lindo era! ¡Tan bueno, tan gentil! Sus piernas flaquitas parecían dos esculturas. En la cabeza tenía unos pelos finitos, pocos, ¡pero tan suaves! Un plumón.
Él se fue por una semana porque le habían hablado de una trapecista que atraía multitudes en otro pueblo. Quería contratarla. En su ausencia, yo no pude dormir, no pude ocuparme del circo. Me quedé como una estúpida cerca de la ventana, a contemplar las estrellas. ¡Cómo lo extrañaba! Me faltaba el aire. Me sentía inquieta como las gallinas en el gallinero cuando no está el gallo. Y de pronto, ¡pum!, la desgracia. Recibí un telegrama. Ya había

recibido otros, pero esta vez sentí que la sangre se retiraba de mis venas. Lo abrí temblando y leí: "Iván Kukine fagecido súbitamente. Esperamos instruggiones. Condogencias".

Raro, ¿no? No era una broma. Sólo un error del telegrafista que... no sé, tenía una debilidad por las ge. Entendí perfectamente. Se había muerto ¡mi Iván y yo! Él. ¡Tan gentil, tan noble! ¡Tan bello! *(Llora)* ¡Cómo sufrí! Le decía: ¡Mi querido! ¡Mi Iván querido! ¡Mi precioso! ¿Para qué te conocí? ¿Por qué te amé? ¿Por qué me abandonaste, en manos de quién dejaste a tu pobre Olga, tu pobre, tu desdichada Olga?

Los vecinos venían a consolarme. Decían: ¡La querida, la querida Olga, qué dolor tiene! ¡Qué pena inmensa!

¿Y cómo podía no tenerla? ¡Qué pérdida, qué pérdida! Me duró mucho ese dolor. Me encerré. No tenía ganas ni de mover un dedo. Sólo iba a misa, a rogar por mi Iván.

¿Por qué recuerdo esto? ¿Estas tristezas? *(Piensa, sonríe)* Por placer. Sí, me da tanto placer saber que fui desdichada. Tanto dolor no era en balde. Sí, no lo era. Era un pago, el anticipo por el derecho a ser feliz ahora, cuando tengo una personita que... ¡Mía! ¡Toda para mí! *(Ríe contenta)* Pero antes... ¡cómo sufrí por la muerte de mi pobrecito Iván! Me quedé sin lágrimas. No podía comer, no podía dormir.

Pasó un mes, otro. Llegó el verano y no me di cuenta. Pensaba en mi Iván y no veía nada.

Un día volvía de la iglesia, estaba triste, estrujaba un pañuelito con los ojos clavados en el suelo, la imagen de la desesperanza. ¿Y quién lo hubiera dicho? ¡Uno de mis vecinos se me acercó! Yo lo conocía de vista, sabía que comerciaba en maderas, llevaba barba. Vestía bien, con chaleco y cadena de oro. No parecía un comerciante, tenía aspecto de señor, unos modales amables como los de mi Iván, pero no desesperados. Al contrario, compuestos, graves, tranquilizadores... Caminamos juntos. Y cuando comenzó a hablar, qué simpatía. Impresionante. Qué tono de voz, mesurado, compasivo. Ninguna palabra empujaba a la otra. Nada que ver con mi Iván que tenía una voz finita y hablaba a borbotones ahogándose y poniéndome el alma en un hilo. Este señor no. Respiró profundamente antes de hablar *(lo hace)* y dijo: –Resígnese, mi querida señora. Todo viene a su tiempo. Cuando muere alguien es por voluntad de Dios.

–¿Sí?

(Respira profundamente) –Sí. Debemos aceptar su voluntad y soportar el golpe con resignación. Él nos está probando.

–¿Nos prueba?

¿Cómo no se me había ocurrido? A pesar de mis lágrimas, al escucharlo sentí que mi dolor cedía porque él era tan... no sé... convincente.

(Toma aire) –Créame, mi querida señora.

Me acompañó hasta la puerta de casa. Entre

frase y frase dejaba un silencio y todas eran tan... convincentes, llenas de calma, de apoyo. ¡Se despidió con tanta cortesía! Así, inclinando la cabeza hasta que la barba le tocó el pecho. Y después, en mi casa, a cada instante yo oía su voz en mis oídos; cerraba los ojos: veía su barba negra.

No podía evitarlo, voz y barba, ¡voz y barba! Me perseguían. Me agradaban mucho. Y yo tampoco le era indiferente porque a los pocos días vino a visitarme una señora. Me habló de él: ¡qué hombre! Excelente, serio, de buen pasar. Si le ofreciera matrimonio a una mujer, esa mujer debía considerarse dichosa. Eso dijo. ¿Era una propuesta, una insinuación? Me dejó temblando. Tres días más tarde, vino él mismo a casa, no se quedó mucho y habló poco, pero lo que habló, con ese tono tan mesurado, bastó para enamorarme. *(Respira profundamente)* –Querida señora, no se atormente. Acepte la voluntad de Dios. Dios la ayudará.

Me enamoré tanto que ya no pude dormir, ardía como si tuviera fiebre. Mandé a buscar a la señora que me había visitado, tanteándome, y poco después... nos casamos.

Fuimos muy felices, Vasili y yo. Él se quedaba en el negocio durante la mañana y después de almorzar atendía otros asuntos. Yo lo reemplazaba hasta la noche, hacía las cuentas, entregaba la mercadería.

Ahora la madera aumenta cada año en un veinte por ciento, informaba a los clientes. Antes nosotros vendíamos la madera de nuestros bosques, ahora Vasili está obligado a buscarla en el sur. ¡Y el precio del transporte!, decía yo con un escalofrío. ¡El precio del transporte!

Me parecía que siempre me había ocupado del negocio de la madera. Sentía no sé qué de familiar, de conmovedor en las palabras: poste, viga, tablón, durmiente, estaca... ¡Cómo se usa la madera! Uno puede pasarse de todo, pero no de la madera. Es lo más importante, lo más necesario del mundo. Nosotros hasta la vajilla usábamos de madera. Platos, tazas, fuentes. No se rompen. A prueba de golpes. Toc-toc-toc, ¡qué sonido! Me encantaba: firme, musical. Y cuando yo decía: ¡Ah, la madera, qué noble, qué pura!, Vasili respiraba profundamente y asentía: –Por suerte, cuando Dios nos llame, iremos a su Reino rodeados de madera.– Siempre acertaba con sus palabras, el pensamiento justo. Y me veía a mí misma en una caja perfumada de roble, de nogal, protegida del viento, de la lluvia... Durante la noche soñaba con montañas de vigas y listones, con una fila interminable de carros transportando maderas, soñaba que un regimiento de postes de diez metros de largo y veinte centímetros de ancho marchaban como soldados, ¡tan-tan-tan!, que los postes, los

troncos, los tablones, se golpeaban en el negocio con un ruido de madera seca, caían y se le-
vantaban encimándose unos sobre otros. Yo
gritaba y Vasili me decía tiernamente *(respira)*
–Olga, ¿estás soñando? ¿Qué te pasa? Persig-
nate.– Y él mismo me hacía la señal de la cruz.
Estábamos de acuerdo en todo, Vasili y yo. Si
él decía que hacía calor en el departamento,
yo estaba de acuerdo. Ni necesitaba pensarlo.
¿Hacía calor? Sí. ¿Mucho? Mucho. ¿Poco? Poco. Si él opinaba que los negocios marchaban
despacio o viento en popa, marchaban despacio o viento en popa. A él no le gustaban
las distracciones. A mí que no me hablaran de
distracciones. El domingo prefería quedarse
en casa. Yo también lo prefería. Ni necesidad
de consultarnos. ¡Una armonía entre Vasili y
yo! Impresionante.
–Ustedes están siempre encerrados en el negocio o en casa– nos decían los conocidos.
–Deben distraerse, ir al teatro, al circo.– Yo no
me ofendía. Les contestaba, sí, con mesura,
con firmeza *(respira profundamente)* –Vasili y yo
carecemos de tiempo. Menos para ir al teatro
o al circo. ¿Ir al circo, para qué? ¿Para ver a la
mujer barbuda? ¿Al tirador de puñales? Somos gente trabajadora y no podemos ocupar-
nos de tonterías. Nos basta lo que tenemos.
Uno vive bien, gracias a Dios. Que Dios le per-
mita a cada uno vivir como Vasili y yo.
Cuando él iba a comprar madera al sur, me

aburría mucho, y a la noche, en lugar de dormir, lloraba. ¡Lo extrañaba tanto! Las palabras poste, viga, durmiente, me sonaban vacías y ya no soñaba. A veces recibía la visita de un veterinario militar que ocupaba un departamento en el fondo. Él conversaba o jugábamos a las cartas, y me aligeraba un poco el pesar por la ausencia de Vasili, el aburrimiento.

El veterinario me contaba sus desgracias: vivía separado de su mujer, la había sorprendido con otro y ahora la odiaba. No podía comprender cómo alguna vez la había amado.

–¿La odia?

–Sí– me contestaba él con rencor. Tenían un hijo pequeño pero ni por el hijo aceptaría volver con ella.

Cuando lo oía decir estas cosas terribles, yo suspiraba, movía la cabeza y lo compadecía. *(Respira profundamente)* –Ah, que Dios lo proteja. Gracias por haberse aburrido aquí, conmigo– le decía al despedirlo en la puerta y se me escapaban las lágrimas. –Dios le dé salud, que la Reina de los Cielos...– y él ya estaba en el patio, cuando yo lo llamaba: –¡Espere! No se vaya todavía. Usted debe reconciliarse con su mujer. Debe perdonarla, al menos por su hijo.– Él negaba y yo insistía: –Debe perdonarla. ¡Perdónela, por favor! Por su hijo. Esa criatura inocente sufre mucho. ¡Perdónela!

Cuando Vasili regresaba de su viaje, yo le contaba en voz baja la historia tan triste del veterinario. *(Respira profundamente)* –¡Qué sufrimiento!– decía él.

–¡Qué sufrimiento!– decía yo.

(Respira profundamente) –¡Pobre niño!

–¡Pobre niño!– y de la pena no podía contenerme: lloraba a mares. Vasili me consolaba. Después, movidos por el mismo impulso, nos arrodillábamos. Pedíamos a Dios que nos concediera un hijo y rogábamos por el veterinario, para que se iluminara reconciliándose con su mujer.

Así vivimos seis años Vasili y yo, tranquila y apaciblemente, en el amor y el acuerdo perfectos. Podían preguntarme cualquier cosa sobre la madera y yo contestaba. Podía opinar hasta de una viruta y con más razón de todo lo que me rodeaba. Pero... un invierno, Vasili, que había bebido un té hirviente, salió sin abrigo a despachar madera. Tomó frío y se pescó una pulmonía. ¡Me quedé viuda otra vez! *(Llora)*

–¿En manos de quién me has dejado, mi querido? ¿Cómo viviré sola, sin tu presencia amada, mi querido? ¿Por qué te conocí, te encontré? ¿Para que me dejes así, afligida, desdichada? Tengan piedad de mí, huérfana absoluta.

(Sorbe. Sonríe, enjugándose las lágrimas) Y Dios tuvo piedad porque hoy... *(suspira)* Durante seis meses, después de la muerte de Vasili, hice vida de monja. Sólo salía para ir al mercado y para llevarle flores. Algunas tardes venía el veterinario, tomábamos el té. Él me hablaba

de su mujer y su hijo. A pesar de mi dolor, lo
compadecía mucho. Me di cuenta de que en
la ciudad no había un control veterinario co-
rrecto, de ahí las enfermedades. Se oye decir
que las personas han sido contaminadas por
loros, gallinas, gatos... En el fondo, hace falta
ocuparse de la salud de los animales domés-
ticos tanto como de la salud de las personas.
Y también hace falta ocuparse de las vacas,
que nos dan la carne, la leche, el cuero, de
los cerdos, las cabras, los pájaros que pían ti-
ti-ti, pero que... Nunca se sabe. Ninguna pre-
caución es poca. Yo estaba en un todo de
acuerdo con las opiniones del veterinario.
Era muy inteligente. Impresionante. Y estábamos tan de acuerdo y yo... yo lo compadecía
tanto, solo, lejos del hijo, odiando a la mujer,
que... No pudimos guardarlo en secreto, yo
no puedo guardar un secreto, pero nadie
pensó mal de mí por amar al veterinario.

–¡Ah, Olga, almita, usted no puede estar sin
amar a alguien!– me decían. –¡Qué afortunada!
Y lo era, porque amando al veterinario amaba a los animales. Me interesaba en la salud
animal, en su relación con la salud humana,
en los cuidados que requiere toda criatura
con hocico, alas, patas, cuernos...

Cuando él recibía a sus camaradas, durante
la comida me gustaba mucho hablar de la
peste bovina, de la aftosa, de la tuberculosis,
del moquillo, de la ausencia de higiene en

los mataderos. A él no le agradaba que me ocupara de estos asuntos, se ponía como loco. Cuando se iban sus amigos, me agarraba de los brazos y aullaba: –¡Te recomendé callarte! ¡Hablás de lo que no entendés! ¿Por qué no dejás tranquilo al moquillo, a la aftosa, a los mataderos? Cuando hablamos nosotros, los veterinarios, no debés decir una palabra. ¡Ni una sola! ¡Es escandaloso! ¡Qué humillación! ¡Me avergonzás!

Yo lo miraba con asombro, con inquietud, y le preguntaba: –Pero querido, ¿de qué debo hablar? Sólo de esto sé. La salud de los animales es lo más importante del mundo.– Lo estrechaba entre mis brazos, llorando, le suplicaba que no se enojara.

Éramos felices. Con una vajilla de loza porque la que tenía con Vasili era muy ordinaria y yo estaba de acuerdo con el veterinario que decía: para madera, el ataúd. Éramos muy felices, a pesar de sus broncas cuando yo me ocupaba del moquillo. Pero la felicidad no duró. Lo trasladaron y me quedé sola. Completamente. Otra vez huérfana absoluta.

Me costaba comer y beber, mover un dedo. Enflaquecí, me puse fea. En la calle no me miraban como antes, la gente no me sonreía más. Ni yo sonreía. No sabía qué hacer, el ánimo agrio, la cabeza hueca. No quería pensar en la existencia que me esperaba, sin querer a nadie. Mi padre se había muerto, mis maridos, del profesor de francés ni me acordaba... A la noche, sentada junto a la ventana, miraba con indiferencia el patio vacío, sin pensar en nada, sin desear nada.

Y sobre todo, lo peor, no sabía qué opinar de las cosas. Ya no. Las percibía y comprendía lo que pasaba a mi alrededor, pero no podía hacerme una opinión sobre nada y no sabía de qué hablar. ¡Oh, es horrible no tener una opinión! Una ve una botella, o la lluvia que cae, o un hombre en un auto, pero por qué están ahí, esa botella, esa lluvia, ese hombre, qué sentido tienen, yo no podría decirlo ni por todo el oro del mundo. Cuando vivían Iván o Vasili, después con el veterinario, hubiera podido explicar todo y hubiera podido expresar una opinión no importa sobre qué. Pero cuando me quedé sola, mis pensamientos y mi corazón se quedaron tan vacíos como el patio. Fue tan amargo como si hubiera tragado veneno.

Mi gata Briska se frotaba contra mí, ronroneando, pero esas caricias de gata no me tocaban. ¿Acaso yo estaba sedienta de caricias de gata? ¿Acaso una gata tiene un circo, vende madera, es veterinaria? ¿Qué opina una gata? ¿Quién lo sabe? Yo necesitaba un ser humano, un amor que diera sentido a mi existencia y calentara mi sangre que envejecía. Y entonces, echaba a la gata y le gritaba con furia: –¡Andate! ¡No tenés nada que hacer aquí! ¡Te odio! ¡Dejame sola! Y la gata se iba.

A veces, en primavera, cuando el viento traía el rumor de las campanas, los recuerdos me asaltaban de pronto y me sentía revivir, las lágrimas se deslizaban por mis mejillas, pero esto duraba un instante, de nuevo ese vacío donde sólo podía preguntarme para qué uno vive sobre la tierra. Sin amor, yo no existía.

Así pasaron los años, unos tras otros, tétricos, aburridos, echando a la gata. Ningún placer, ninguna opinión. Hasta que un día, al anochecer, alguien golpeó a la puerta. Fui a abrir y me quedé paralizada: era Smirno, el veterinario, los cabellos grises. Entonces me acordé de todo y rompí en llanto y apoyé la cabeza sobre su pecho, y era tanta mi emoción que no me di cuenta de que habíamos entrado y estábamos sentados a la mesa delante de una taza de té.

–¡Mi querido!– le dije, temblando de alegría.

–¡Qué sorpresa! ¿Quién te trajo? ¿De dónde saliste?

–Me retiré– me explicó. –Quiero que mi hijo estudie aquí, en la ciudad. Ha crecido. Me reconcilié con mi mujer.

–¡Gracias al cielo la perdonaste!– y lo besé en la frente, llorando.

–¿Y dónde está?

–¿Mi mujer? En el hotel, con mi hijo. Estoy buscando un alojamiento.

–¿Un alojamiento? ¡Señor, mi Dios, querido mío, tomen mi casa! Mi casa entera. ¡Oh, Dios mío, yo no les pediré nada! ¡No tendrán ningún gasto! ¡Qué alegría, mi Señor!

Al día siguiente, llamé a pintores, albañiles. Lustré los muebles, compré una alfombra. Puse todo a punto. La gente me paraba en la calle, y al verme tan contenta, como resucitada, me decían: –¡Mi querida!

Apareció la mujer del veterinario, era flaca, fea, con mentón puntiagudo y la expresión caprichosa. Vino con su hijo, Sacha, que era muy pequeño para su edad, tenía diez años, con ojos azul claro y hoyuelos. Apenas atravesó la puerta, corrió detrás de la gata y en seguida oí su risa.

–Tata, ¿es su gata?– me preguntó. –Cuando tenga gatitos, guárdeme uno.

Le hablé, le prometí un gatito, le preparé pan con manteca, y de pronto, sentí un dulce calor en el corazón que se me apretó deliciosamente, como si ese niño fuera mío, mi hijo. Había que verlo a la noche, cuando hacía los deberes sobre la mesa. Era tan lindo, tan inteligente, tan blanco...

–Se llama isla –decía él– a una extensión de tierra rodeada de agua por todos los costados.

–Se llama isla– repetía yo –a una extensión de tierra rodeada de agua por todos los costados. Y en ese momento me di cuenta de que era la primera aseveración que expresaba convencidamente después de tantos años de silencio y vacío. Durante la cena hablaba con sus padres de la dificultad de los estudios.

–Ahora se concede excesiva importancia a las materias técnicas en lugar de las humanísticas.
–¿Sí?– decía el veterinario. La mujer no decía nada, torcía la nariz y miraba de reojo.
–Sí– aseguraba yo, sin intimidarme por la mirada de reojo. –Las materias humanísticas forman el carácter.
La madre de Sacha no se atrevía a contradecirme. No estaba a gusto, no amaba a nadie, ni siquiera a su hijo, y cuando uno no ama a nadie no le interesan los estudios. Un lunes se fue a visitar a su hermana a una ciudad distante y no volvió. El veterinario inspeccionaba ganado y a veces se ausentaba por varios días. Y cuando estaba en la ciudad no paraba, veía a sus amigos, perdía las noches en el club. Tampoco él le prestaba mucha atención a Sacha. Tenía la impresión de que el niño estaba completamente abandonado, que estaba de más, que lo consideraban una carga, que se iba a morir de hambre. Lo tomé a mi cargo, como quien extiende un ala y protege al pichón. Porque, ¿qué podría hacer el pobrecito sin nadie que lo quisiera? ¿Cómo iba a vivir, a crecer? Y para mí, ¡qué oportunidad de amar! Estamos juntos. Todas las mañanas voy a su habitación, lo miro dormir, un brazo bajo la mejilla. ¡Qué pena me da despertarlo! Se me parte el corazón.
–Sacha– lo llamo tristemente –levantate, querido. Es hora de ir al colegio.

Él se arrebuja y se queja: –Hace frío.

–Oh, sí, mucho frío, bebé– y se me caen las lágrimas.

Quisiera traer el sol más ardiente y colocarlo sobre su cama. Él se levanta aterido, se viste, toma su desayuno, bebe dos vasos de leche y come medio pan con manteca. Le cuesta despertarse, así que se muestra gruñón, malhumorado.

–No sabés bien la fábula– le digo mientras desayuna. –Por favor, mi querido, tenés que estudiar, escuchá a la maestra. ¿Repasamos la fábula? "Ayer por la calle, pasaba un borrico, el más adornado que en mi vida he visto..." "Ayer por la calle..."

No me hace caso, come el pan con manteca. Me contesta mal: –¡No me fastidie! –pero porque tiene sueño. Es la criatura más tierna del mundo.

Cuando se va a la escuela, ¡esa pesada mochila en la espalda!, yo lo sigo. –¡Sacha!– lo llamo. Él se vuelve y me espera, y yo le deslizo en sus manos unos caramelos o le pongo unas monedas en el bolsillo. Cuando llegamos cerca del colegio –es un hombrecito– le da vergüenza que yo lo acompañe. –Tata, váyase a casa. Quiero seguir solo.– *(Arrobada)* ¡Y me lo dice con un acento tan enojado, tan sombrío! ¡Oh, cómo lo amo! Ninguno de mis amores ha sido tan fuerte, tan profundo. Soy capaz de dar todo por él. Por este niño, por sus hoyuelos, su mochila, daría toda mi vida, la daría con felicidad, con lágrimas dulces, con sonrisas. ¿Por qué? ¿Pero quién sabe por qué? Después de acompañar a Sacha, vuelvo a casa. Y el amor me aligera el paso. Rejuvenecí en estos meses, toco mi cara y percibo que mis ojos brillan, que mi boca sonríe. Las personas que encuentro en el camino notan esto, sienten placer al mirarme. Y dicen: –¡Buen día, querida! ¿Cómo le va, mi querida?

En el mercado, converso con todos. –Los estudios son difíciles en estos tiempos. No es por nada. Ayer, en séptimo grado, tenían que estudiar una fábula de memoria, una lección de geografía, con los ríos, las montañas, las ciudades..., resolver un problema. Piensen un poco, todo esto, ¡y no es más que un niño!

Conozco el asunto, las dificultades. Yo ayudo a estudiar a Sacha, le reviso las cuentas, le repito las fábulas..., Después comemos y Sacha se duerme sobre la mesa. Yo lo despierto y lo llevo a la cama. Cuando al rato me acuesto yo, pienso en el porvenir. Estaremos siempre juntos. Sacha será médico, ingeniero, comprará una casa grande, un coche, se casará y tendrá niños... Me duermo pensando en esto, y me emociono tanto que no puedo dejar de llorar, las lágrimas se caen de mis ojos cerrados. Y la gata, acostada en mi cama, ronronea: Mour...mour...

Ayer me asusté. Golpearon violentamente a la puerta. Me desperté y el miedo me cortó la respiración. Mi corazón batía: pom-pom-pom. Pasó un minuto y volvieron a golpear.

¡Es un telegrama de la madre!, pensé. ¡Quiere llevarse a Sacha! ¡Oh, Señor!

Me desesperé horriblemente, el frío me montó desde los pies, ganó mis piernas, mis brazos, me heló la cabeza. Pasó otro minuto. Y oí la voz del veterinario. Volvía de uno de sus viajes y se había olvidado las llaves. Debía de estar muy cansado porque pasó junto a mí sin saludar, derecho a su habitación. ¡Ah, Dios sea alabado! ¡Bendecido Su nombre!

El peso que me oprimía desapareció, de nuevo me sentí ligera, me acosté con la gata al costado, que ronroneaba mour, mour..., y pensé en Sacha, en el porvenir de Sacha, que dormía con los puños apretados en la pieza vecina y en sueños gritaba: –¡No me molestes! ¡Dejame tranquilo, dejame tranquilo! ¡Vieja! ¡Fastidiosa!

(Se entristece) Y era... tanta mi felicidad de tener a Sacha, de vivir para Sacha, que mientras se me caían las lágrimas de los ojos cerrados, oí mí voz ronroneando como mi gata Briska, a la que ya no echaba... Mour, mour, mour... mour...

Telón

De profesión maternal

De profesión maternal
1997

Fue estrenada en junio de 1999 en el Teatro del Pueblo de Buenos Aires con el siguiente reparto: Matilde, María Rosa Gallo; Eugenia, Catalina Speroni; Leticia, Alicia Zanca.

Escenografía y vestuario: Graciela Galán
Banda sonora: Claudio Koremblit
Asistencia de dirección: Oscar Álvarez Monet
Puesta en escena y dirección: Laura Yusem

Como únicos muebles, un sofá y una silla. Las puertas son los practicables de escena.
Matilde y Eugenia están sentadas en el sofá con las manos entrelazadas.

Eugenia: Yo se lo diría.

Matilde: Yo no.

Eugenia: Si no se lo decimos, será difícil convivir. No hay convivencia que aguante un secreto.

Matilde: Yo soy la madre. Y opino de otro modo. Además, sólo será una visita. No va a venir a instalarse.

Eugenia: ¿Y por qué entonces compraste una colcha nueva para la cama?

Matilde: Por gentileza. Podrá dormir una noche. O dos. Una semana. Un mes, un año. Siempre. ¿Quién lo sabe?

Eugenia: Visita breve.

Matilde: Si te molesta... saco la colcha nueva de la cama.

Eugenia: No. Ya la pusiste. ¿Cómo va a molestarme? Deseo conocerla. *(Pausa. Obstinada)* Yo se lo diría.

Matilde: No.

Eugenia: Si fuera un bebé, se lo diríamos.

Matilde: Con un bebé no se necesitan palabras. Un bebé no sabe nada del mundo. Alarga la mano, ve un rostro... lo acepta. Como los patos.

Eugenia: No es un pato.

Matilde: Vendrá con ilusiones.

Eugenia: ¿Cuántos años tiene?

Matilde: Debe andar por los treinta...

Eugenia: ¿No sabés?

Matilde: Cuarenta y cinco.

Eugenia: Como bebé es grande.

Matilde: Yo le escribí... que quería conocerla. Que aquí tenía una familia.

Eugenia: *(resentida)* Supongo que no diste detalles. Te guardaste las minucias. Siempre supe que yo entraba en esa categoría.

Matilde: ¡No seas pesada! Estoy nerviosa.

Eugenia: No veo el motivo.

Matilde: ¡Ah...! *(Se contiene)* Ya debería estar aquí.

Eugenia: Puede demorarse el tren. El taxi.

Matilde: No sé por qué nos complicamos.

Eugenia: Idea tuya. ¿Qué nos faltaba? Complicarnos. *(Arrepentida, le besa la mano)* No te preocupes. Las complicaciones son inherentes a la vida.

Matilde: *(un suspiro)* La vida es simple. Buena salud y corre.

Eugenia: Hasta que tropieza con una piedra. Y nosotros con ella. ¿Estás segura de que tu hija no será...? *(Un gesto)*

Matilde: Me alentaste.

Eugenia: Estabas triste. Pero no sé si te alenté para la alegría.

Matilde: ¿Qué te pasa ahora? Somos madre e hija. Lo

sabremos al instante. Tocaré su pelo, miraré sus ojos. Un vendaval de caricias, de besos, abrazos...

Eugenia: *(dubitativa)* Conociéndote...

Matilde: Mirame. ¡Tiemblo! No me controlo. Mi voz se puso afónica. Emoción pura. ¡Tarda! Se quedó papando moscas en cualquier lado.

Eugenia: ¿Conoce la ciudad? Apuesto a que no. Las muchachas se distraen. Verá las luces, las vidrieras...

Matilde: ¿Qué luces? Es de tarde.

(Entra Leticia. Lleva un bolso y una pequeña maleta)

Leticia: Hola.

Eugenia: *(efusiva, sale a su encuentro)* ¡Hola! Pasá. Te esperábamos. Ya estábamos preocupadas.

Leticia: Me quedé mirando vidrieras.

Eugenia: *(a Matilde, triunfal)* ¿Qué te decía? *(A Leticia)* Para mí, las vidrieras son un imán. ¿Tuviste buen viaje?

Leticia: Largo. Cansador.

Eugenia: Sentate. Te preparo un té. *(A Matilde)* ¡Qué bonita!

Leticia: *(mira a Eugenia)* Te imaginaba así.

Matilde: Yo... yo soy Matilde. ¡Yo! No ella. ¡Yo! ¡Soy tu...! *(No le sale la palabra)* En carne y hueso.

Eugenia: Ella es.

Leticia: Ah...

Matilde: Soy yo. *(Espera una reacción. No se produce. Sonríe incómoda)* Qué sorpresa, ¿eh? *(Nerviosa y voluble)* Me siento enteramente ridícula. Fuera de foco. Hay un grado de... inverosimilitud en la situación que me provoca risa. Ja, ja. Escalofríos.

Eugenia: *(como advertencia)* Matilde.

Matilde: ¡Es verdad! Cómo voy a decir: ¡soy tu madre! Pero lo soy. Lo digo así, sin acento, neutra. A lo sumo un matiz de sorpresa. Lamento profundamente no haberte criado. Tu padre... tu padre te... te llevó. Una mañana estabas en la cuna y otra mañana no estabas más. Perdí la pista. Los días se sucedieron. Trabajé mucho. Un día tras otro, un día tras otro. Él se mudaba.

Leticia: *(irónica)* Un día tras otro.

Matilde: Sí. Ya ves, perdí la pista. Este país es inmenso.

Eugenia: Es fácil perderse.

Matilde: ¿Querés un té?

Leticia: No.

Matilde: ¿Un café? Se te nota rendida.

Eugenia: Tenés una pieza ahí. Para descansar. En la mesita de luz puse un platito con una magnolia. La robé de la calle.

Leticia: *(la mira)* No sé tu nombre.

Eugenia: *(sonríe cálidamente)* Eugenia.

Leticia: Mucho gusto, Eugenia. *(Le da la mano)*

Eugenia: Un beso. *(La besa)*

Matilde: Qué situación incómoda, ¿no? Me supera. ¿Qué se siente? Para mí es un misterio. ¿Me imaginabas así?

Leticia: No.

Matilde: ¿Cómo?

Leticia: Rubia.

Matilde: *(desalentada)* Qué bien.

Leticia: Más alta.

Matilde: ¿Sí?

Leticia: Más rellena.

Matilde: ¿Gorda?

Leticia: *(blandamente)* No, no.

Matilde: Más saludable querés decir.

Leticia: *(íd.)* No. Estás bien.

Matilde: *(irritada)* ¡Qué voy a estar bien! ¿Cómo parecerme a la que imaginaste?

Leticia: En realidad, *(señala a Eugenia)* ella calza mejor.

Eugenia: *(sonríe ampliamente)* ¿Sí? Qué alegría. ¿Viste, Matilde? A veces la voz de la sangre está muda. O canta para otro lado. *(Ríe)*

Matilde: Bueno, ¿qué le vamos a hacer? No se puede conformar a todo el mundo.

Eugenia: Sí, a algunas personas les resulta imposible. *(Ajena a la mirada asesina de Matilde, se dirige a Leticia. Cordialmente)* Contá un poco de tu vida.

Leticia: No hay mucho para contar.

Matilde: Empezá por lo más intrascendente.

Leticia: Me casé, me separé.

Matilde: ¿Hijos?

Leticia: No.

Matilde: Mejor así. Lo sé por experiencia. Los hijos son una car... *(Se queda muda. Estalla bruscamente)* ¡Soy tu madre! ¡Tu mamá! Venís y tan tranquila. ¡Increíble! Si me lo cuentan no lo creo. No sucede todos los días. ¿O sí te sucede todos los días?

Leticia: *(fríamente)* La primera vez.

Matilde: ¡Reaccioná como es debido entonces!

Eugenia: Matilde.

Matilde: *(agraviada y furiosa)* ¡Me confundiste con ella! Tan tranquila. Deberías sentir una emoción loca, un trastorno insoportable, muerta de nervios, de...! Y no. Serena, impávida. ¡Es escandaloso! ¡No lo aguanto!

Leticia: *(cínicamente sonríe)* Lo lamento.

Matilde: *(ríe)* ¡Lo lamenta!

Eugenia: *(contemporizadora)* Algo es algo. *(A Leticia)* No
             quiere ofender...

Matilde: *(la interrumpe, feroz)* ¡Ssss! *(A Leticia)* ¿Soy una
             extraña?

Leticia: Sí.

Matilde: ¡No! ¡No soy una extraña! Soy tu madre. ¡Te
             di el ser! Te busqué.

Leticia: Después de... ¿cuántos años? Cuarenta.

Matilde: Estuve... muy ocupada.

Leticia: Lo entiendo. Me escribiste que tenías una fa-
             milia. ¿Dónde está él? O tus hijos, no sé.

Matilde: No es él. Es ella.

Leticia: ¿Ella?

Eugenia: Yo.

Matilde: Ella es mi familia.

Leticia: ¿Hace mucho?

Matilde: Desde siempre.

Leticia: Desde siempre no. Después de mí.

Matilde: Después de vos, por supuesto. Pasaron muchas cosas.

Eugenia: Era cantante.

Leticia: No lo sabía.

Matilde: Pero hace rato que dejé. *(Se señala la garganta)* Un problema. Hay que protegerse la garganta. Sobre todo del frío. No lo hice y...

Leticia: Te quedaste muda.

Matilde: No tanto.

Leticia: Qué lástima.

Matilde: ¿De no quedarme...? *(Un gesto)*

Leticia: *(con una sonrisa antipática)* Hablás.

             (Pausa incómoda)

Matilde: Pero tuve éxito.

Eugenia: Corto.

Matilde: *(le dirige una mirada asesina)* No fue tan corto.

Eugenia: Un relámpago.

Matilde: ¿Te parece? Este departamento lo compré gracias a ese *corto* momento de éxito. Un relámpago que duró mucho.

Eugenia: Lo compramos a medias, Matilde. Dejá de darte aires. Esa costumbre tuya me saca de quicio.

Matilde: ¿Yo? ¿Yo darme aires? Jamás me permitís la menor alusión a mi... a mi carrera. Siempre tuviste un poco de envidia, ¿no?

Eugenia: ¿De qué?

Matilde: Sólo fuiste ama de casa.

Eugenia: Mejor ama de casa con talento que cantante sin él.

Leticia: *(la han olvidado completamente)* Debo irme.

Matilde: Llegaste ahora.

Eugenia: Ni hablar. ¿Cómo se te ocurre? Preparo un té. Lo tomamos como unas damas, conversando alrededor de la mesa.

Leticia: *(a Matilde)* Encantada de conocerte. Gracias por pagarme el viaje. Te lo agradezco. Ya en la estación me di cuenta de que había sido una equivocación venir. Ahora me lo parece todavía más.

Matilde: ¿Qué hacés? Te preparé un cuarto. No hay que apresurarse. Los sentimientos no brotan como agua de manantial. Es preciso cuidarlos, dejarlos crecer. Entonces... ¿No podés... darme la mano como a ella? A ella le diste la mano.

Eugenia: ¡Y yo un beso!

Leticia: *(a Matilde, fríamente)* ¿Cómo estás? *(Le da la mano)*

Matilde: *(no se la suelta, le mira el rostro)* Sos blanca. Tu padre era moreno.

Leticia: Lo sé. Viví con él.

Matilde: Saliste a mí.

Leticia: No. No salí a vos. Salí a mí misma. Con defectos, claro. *(Separa su mano)*

Matilde: Esta chica, ¡esta chica me vuelve loca!

Leticia: Adiós, Eugenia. Adiós, señora. *(Toma su maleta y sale)*

Matilde: ¿Por qué se fue?

Eugenia: Creo que no le gustó la familia. Además, fuiste poco tierna.

Matilde: ¿Yo? Ni me dio la mano.

Eugenia: Te la dio.

Matilde: Apenas si me rozó con dos dedos.

Eugenia: No fuiste tierna.

Matilde: ¡Si es un témpano! ¿Cómo se puede ser tierna con un témpano?

Eugenia: No le explicaste bien la situación. Fue de mal gusto discutir en su presencia.

Matilde: Me dejé llevar.

Eugenia: No digo que tuvieras una voz magnífica pero cantabas pasablemente. Era agradable escucharte.

Matilde: No mostró el mínimo interés. Por mi voz ni por nada. Yo creía... yo creía... que abriría la puerta y se arrojaría en mis brazos. Que lloraría en mis brazos...

Eugenia: Sí, es verdad. Pero te imaginó distinta. Cuarenta años imaginándote distinta. ¿Cómo conciliar después? Tuvo que arrancarte los pelos rubios y ponerlos negros, alargarte la nariz, agregar arrugas, quitar dientes...

Matilde: ¿No hay más? Te falta este lunar, un poco de vello sobre el labio, los ataques de reuma, las colitis...

Eugenia: Sí, uno se golpea con la realidad.

Leticia: *(entra)* Me olvidé el bolso.

Matilde: *(lo busca, rápida. Se lo entrega)* Tomá, tomá, querida. No te demores. Fue un gusto conocerte. Íbamos a beber un té. No queremos que se enfríe. Sabe mal frío. Además, el tráfico está denso, podés perder el tren, el taxi, no sé en qué viniste... Pero no te demores. ¿Tenés el bolso, la maleta? ¿No te olvidás nada? Porque si estamos tomando el té y caés de nuevo...

Eugenia: Se alegra de verte.

Leticia: Adiós.

Matilde: ¡Leticia! ¿Cómo te atrevés? ¿Te das cuenta de lo que estás haciendo? ¿Quién te autorizó?

Leticia: ¿A qué?

Matilde: ¡A irte! Te pagué el pasaje, ¿para esto? Para que vinieras, me dieras una ojeada, dijeras: no me gusta, la imaginé rubia, con más dientes, con menos arrugas, y te marcharas así

como así. ¡Mocosa insolente! Criatura... ¡de-
salmada

Leticia: *(tranquila, a Eugenia)* ¿Qué le agarró?

Eugenia: Es un poco impulsiva.

Matilde: ¡Yo también te imaginé distinta! Imaginé una
criatura tierna, deshecha en llanto, y aparece
este... este ser superior, indiferente. ¡Podés irte! ¡Nadie te retiene! ¡La puerta está abierta!
¡Para entrar, para salir, para romperla! *(A Eugenia)* ¡Es un témpano! ¿No te dije que era un
témpano?

Eugenia: *(a Leticia)* No quiere decir eso.

Matilde: ¡Sí, sí, quiero decir eso!

Leticia: *(deja su maleta)* Tomaría un café.

Matilde: ¡Tomaría un café! ¡No hay café!

Eugenia: Hay café. Yo lo traigo.

Matilde: ¡Vos no traés nada! ¡Esto no es un restaurante!
(Ríe) ¡Qué libertad! Yo nunca lloro, así que estuve preocupada. Vendrá mi hija y yo debería
llorar de la emoción, ¿cómo hago?, pensaba.
Me devané los sesos. ¡Noches sin dormir! ¡No
necesito! ¡Lo que menos necesito es llorar!

Cuando tu padre te llevó, ¡yo bailé una danza alrededor de la mesa! Lo primero que hice fue tirar la cuna. No es verdad, Eugenia, ¿qué hice?

Eugenia: No sé. No te conocía.

Matilde: ¡Podés adivinarlo! ¿Me quejaba, te hablaba de ella?

Eugenia: Nunca.

Matilde: ¿Sabés qué hoyo me produjo no hablar nunca?

Eugenia: Hasta hace poco. De pronto empezó a hablar. ¡Le vino la nostalgia! *(Ríe)* Perdoname. Empezaste a sentir...

Matilde: ¿Sí?

Eugenia: Que ese hoyo te dejaba vacía.

Matilde: Sí.

Eugenia: Que sólo podías sentir culpa.

Matilde: Tanta... *(Eugenia intenta una caricia. Matilde la rechaza instantáneamente)* ¡No! ¡Nadie me toca para consolarme!

Leticia: Consolarte, ¿de qué?

Matilde: ¿Consolarme? Eugenia, ¿dije esa palabra?

Eugenia: Sí. No lo niegues ahora.

Matilde: Un lapsus. A veces sucede. Una quiere decir... no sé... que el día está nublado y se confunde. Llueve y dice: hay sol.

Leticia: Está *muy* nublado.

Matilde: ¿Es muy tarde, verdad?

Leticia: *(dura)* Es muy tarde.

Matilde: *(tiende la mano a tientas buscando la mano de Eugenia. Esta la toma y la aprieta en la suya. Bajo, a Eugenia)* Si pudiera llorar, ¿se conmovería?

Leticia: No, no me conmovería.

Matilde: *(aparta su mano. Agriamente)* ¿Y para qué viniste?

Leticia: Por curiosidad.

Eugenia: Algo es algo. Con la curiosidad empieza todo.

Leticia: Tengo mi vida hecha.

Matilde: ¿Y yo no entro?

Leticia: Para incorporar a alguien, con la vida hecha, tiene que ser muy amado.

Matilde: *(indignada)* ¿La oís? ¿Oís lo mismo que yo?

Eugenia: Oigo desde otro lugar.

Leticia: Desde cualquier lugar, ella no entra. Ya no la necesito. Son dos mujeres grandes, casi viejas, pronto tendrán achaques. No me veo cuidándolas. Demasiado tarde. *(Recoge su bolso y su maleta. Sale)*

Eugenia: *(después de un silencio)* ¿Tomamos un té?

Matilde: Te incluyó. Dos mujeres grandes, dijo, casi viejas...

Eugenia: La comprendo. Pluralizó por cortesía. Era muy brutal referirse sólo a vos.

Matilde: Debe ser agradable conformarse tan fácilmente.

Eugenia: ¿Lo decís por mí? Pero, Matilde, salta a la vista. En este asunto soy la convidada de piedra. Por suerte.

Matilde: Me guarda rencor.

Eugenia: ¡Toneladas! Cuando un lazo se corta, se corta. Y yo creo que te equivocaste.

Matilde: Era tan joven. La busqué un tiempo. Luego la vida siguió. Te conocí.

Eugenia: No fuiste tierna. Debías... haberle hablado de otra manera. Más... maternalmente.

Matilde: ¿Maternalmente? ¿Cómo? No sé. Nunca supe. Ni cuando ella nació.

Eugenia: *(sorprendida)* ¿Y el instinto?

Matilde: Estaba dormido, muerto. Cuando lloraba en la cuna, me hubiera arrojado por la ventana. La alzaba y seguía llorando, ¡me hubiera tirado con ella por la ventana! ¡Qué cansancio! Estaba tan cansada que sólo quería dormir.

Eugenia: Nunca supiste que ser madre implica una responsabilidad.

Matilde: ¡Lo supe siempre! Pero no podía. Tenía diecinueve años.

Eugenia: Diecinueve, veintinueve, es lo mismo.

Matilde: *(la mira fríamente)* A veces no sé por qué te tomo de confidente. ¡No entendés nada!

Eugenia: Sí. No te excuso pero te entiendo. Te entienden los que te aman *no obstante.*

Matilde: No obstante, ¿qué?

Eugenia: No pensás demasiado en los otros. Primero vos, tu cansancio, tu frío, tus ganas de dormir, tus diecinueve años.

Matilde: Se la llevó tan lejos.

Eugenia: Se mudaba.

Matilde: Le perdí la pista. *(Entra Leticia)* ¿Qué te olvidaste ahora?

Leticia: Nada.

Matilde: ¿Entonces?

Leticia: Hasta mañana temprano no hay otro tren. Caminé un poco y me dije: ya que hice el viaje... Veremos.

Eugenia: *(sonríe)* Bienvenida. Nos alegramos mucho. Una larga conversación y los malentendidos se disipan. *(Le pega a Matilde en el hombro)* ¡Conversen! ¡Conversen!

Matilde: *(después de un silencio)* No fui buena.

Leticia: No.

Matilde: Fui egoísta.

Leticia: Sí.

Matilde: Te busqué.

Leticia: Pero no lo suficiente.

Eugenia: Sin embargo... Puedo dar fe...

Leticia: *(cortante)* Usted, de nada.

Eugenia: *(herida)* Me callo.

Matilde: Tiré la cuna.

Leticia: *(irónica)* Sufrías.

Matilde: Un poco. Creciste lejos de mí.

Leticia: Tuve otra madre. La quise.

Matilde: *(ácida)* Felicitaciones. Me quitás un peso de encima.

Eugenia: Sin embargo... *(Recuerda y se calla)*

Leticia: Entre vos y yo hay un territorio que nadie conoce. Y no existe camino entre un lugar y otro.

Matilde: A campo traviesa.

Leticia: ¿Qué?

Matilde: A campo traviesa. Yo empecé a caminar a campo traviesa.

Leticia: Pero no llegás a destino. Perdés el rumbo.

(*Matilde mira a Eugenia. Pide ayuda*)

Eugenia: No quiere que hable.

Leticia: Perdóneme.

Eugenia: (*entusiasta*) Lo pierde, ¿qué importa? Vuelve atrás. Si agarró hacia los árboles, agarra para los yuyos.

Leticia: Está demasiado vieja para caminar tanto.

Matilde: (*a Eugenia*) Ya ves. ¡Ya ves qué responde!

Eugenia: Lo intenta de nuevo. Pero no le hagas trampa.

Leticia: ¿Cómo?

Eugenia: Moviéndote de tu lugar.

Leticia: (*se incorpora*) Demasiado tarde.

Matilde: (*agresivamente*) ¡Me doy cuenta! ¿Para qué volviste?

¿No te habías ido? ¿Pretendés humillarme? Para eso también estoy demasiado vieja. ¿Querés que me arrodille? ¿Que te pida perdón?

Eugenia: No hace falta. Nunca es tarde si la di...

Matilde: Ahorrá los lugares comunes. Es un asunto entre ella y yo.

Leticia: ¿Por qué me escribiste?

Matilde: Me dio un antojo.

Leticia: Después de tantos años.

Matilde: ¡Sí! Un antojo, un capricho. De pronto te recordé. Qué habrá sido de esa bebita, me dije.

Leticia: *(ácida)* Qué habrá sido de esa mamita, me dije.

Matilde: Coincidimos. Te busqué, hoy tengo más dinero, más medios. Fue fácil. No creas que hice sacrificios para encontrarte. Que me endeudé, que me desesperé. No. Fue una búsqueda tranquila, sin sobresaltos. Si te encontraba, bien. Si no te encontraba, lo mismo. A mi edad una se ahorra el sufrimiento.

Leticia: Te lo ahorraste a cualquier edad. Dicen... que una se mantiene mejor si no sufre, si el egoísmo nos ampara como en una tierra de nadie.

El dolor es desprolijo. En cambio, la impavidez nos conserva la elegancia, nos marca apenas el rostro, se contrae menos el cuerpo. *(La mira. Intencionadamente)* No siempre ocurre, ¿verdad? Algunas, por más que se protejan, terminan en desastre.

Eugenia: *(mira a Matilde, preocupada)* Yo no diría tanto... Yo me acuerdo... Cuando murió mi padre, de tanto llorar los ojos se me pusieron más... ¡más húmedos!

Matilde: *(no la oye)* Nosotras, *como viejas,* nos aferramos mucho a nuestras costumbres. Nos gusta cenar pacíficamente y acostarnos temprano. Cualquier alteración, una presencia extraña por ejemplo, nos incordia, nos desquicia, ¡nos lleva a la locura!

Eugenia: ¡Hablá por vos! *(A Leticia)* Me gusta mucho que estés aquí.

Matilde: No me refiero a ella. *(A Leticia)* Perdiste tu tren. ¿Vas a esperar hasta mañana? Hay una línea de ómnibus.

Leticia: *(recoge la maleta)* Sí. Tomaré el ómnibus.

Eugenia: *(se la saca de las manos)* No, no. *(Quiere hacerla sentar)* Leticia, Leticia. Mirala.

Leticia: *(se resiste. De pie)* La veo.

Matilde: Yo no tengo el hábito del llanto. Me parece repugnante. Un chantaje. Tampoco soporto a la gente que llora.

Eugenia: Está llorando... En su interior.

Matilde: ¡No me traduzcas! ¡Y mal para colmo!

Eugenia: Dice que no hubo un sólo día en el que no te recordó.

Matilde: ¡Qué banalidad!

(Leticia bruscamente se sienta, oculta el rostro sobre las rodillas)

Matilde: *(aterrada)* ¿Qué le pasa?

Eugenia: ¡Vino a buscar a una madre y encontró una harpía! Acercate, acariciale la cabeza.

Matilde: No. ¡No puedo! Para mí cayó de Marte. ¿Quién es? Una desconocida. No siento nada. Ni remordimientos, ni culpa, ni amor. Nada. Quiero que salga de mi vista, que no me fastidie más, que no me trastorne. Veinte años conmigo...

Eugenia: Veinticinco.

Matilde: Veinte años y no fuiste capaz de advertirme, dejá el pasado en paz, lo que fue no se modifica. ¿Qué hace? ¿Llora? ¡Pero es incoherente esta chica! No aguanto ver llorar a nadie. Si no se va ella, ¡me voy yo!

Leticia: *(furiosamente se seca el rostro. Se incorpora)* No te molestes. Me voy.

Matilde: Buen viaje.

Eugenia: Yo no la entiendo. Veinte, veinticinco años, ¡y no la entiendo!

(Leticia va a salir. Antes de hacerlo, se vuelve, mira a Matilde)

Matilde: *(con el tono dulcificado)* ¿Qué hacés?

Eugenia: Bebita mía.

Matilde: Bebita mía, ¿qué hacés?

Leticia: Me voy. No vale la pena trastornarse para estos resultados. Mi marido me dijo que era una tontería venir...

Matilde: ¿No eras separada?

Leticia: No. Tengo dos hijos.

Eugenia: ¡Sos abuela!

Matilde: Callate. Tus comentarios sobran. ¿Dos hijos?

Leticia: Sí.

Matilde: ¿Quieren conocerme?

Leticia: No.

Matilde: Claro. ¡Con la educación que recibieron...!
             Seguramente les hablaste de mí. ¿Por qué
             ibas a hablarles de mí, verdad?

Leticia: *(con furia arroja la maleta al suelo)* ¿Pero qué es-
             tás diciendo? ¡Vieja loca! Estoy llena de rencor.
             Creo que por eso vine. Por el rencor. También
             para saber cómo era mi madre. Y ahora lo sé.
             De tal persona se podía esperar tal abandono.

Matilde: ¿Terminaste?

Leticia: No. En realidad, vine para corroborar lo que sa-
             bía. Mi padre me contó cómo eras.

Matilde: Ese.

Leticia: Te gustaba salir, ir a bailar. Yo era un estorbo.
             No creo siquiera que me hayas buscado cuan-
             do él me llevó.

Eugenia: Yo soy testigo de que... *(Una mirada furibun-
             da de Leticia la enmudece)*

Matilde: Sí, sí. ¡Lo hice! Moví cielo y tierra. Todo es
             cierto. *(Se interrumpe. Bruscamente)* ¡Te busqué

poco! *(Ríe)* Un simulacro de búsqueda, un simulacro de inquietud.

Eugenia: ¡Callate! ¡Esa manía tuya de hablar de más!
Sos dura. Mejor que nadie te pida cuentas. Si
yo te las pidiera...

Matilde: *(baja el tono)* ¿No fuiste feliz conmigo?

Eugenia: Fui. Pero también, ¡cuánto abandono, cuánto secreto avergonzado!

Matilde: Nunca me avergoncé de...

Eugenia: Mejor no caer en explicaciones. La verdad es
el sentimiento de ahora.

Matilde: ¿Y cuál es?

Eugenia: El que te movió a buscarla... Ahora.

Leticia: Porque antes no tuvo tiempo.

Matilde: ¡Sí! Te busqué poco. Me sentía entrampada.
Y cuando él te llevó, lloré, ¡pero qué alivio!
Era joven de nuevo, sin preocupaciones de
nuevo. ¿Por qué ahora te extraño? No sé.

Leticia: *(se acerca. Con dureza)* Yo sí. Vas a morir y los viejos quieren que los hijos los tengan de la mano.

Eugenia: *(acongojada)* Yo puedo...

Leticia: Podés morir antes. Los hijos son más seguros. Y además, piensan que algo de ellos quedará en el mundo. Un hijo, una hija. Ilusiones.

Matilde: No es por eso.

Eugenia: *(muy desvalida)* Y si lo fuera, ¿qué? Un sentimiento natural. Si yo tuviera una hija, me gustaría también...

Matilde: *(se mira largamente con Leticia. Luego)* No tenemos nada que decirnos.

Leticia: No.

Eugenia: Al contrario. Yo creo que tienen que charlar mucho. ¡Sin reproches! Para conocerse, para... Bebita mía.

Matilde: Dame tiempo. Dame tiempo para las palabras que nunca dije. Están nuevas, pero enmohecidas. Dame tiempo.

Leticia: Es muy tarde, señora.

Eugenia: Pero si ponemos buena voluntad... Nos sentamos alrededor de la mesa... y tomamos un té.

Matilde: ¿Querés un té?

Leticia: *(después de una pausa)* Hace frío. ¿Por qué no?

Matilde: Y... y me decís si puedo engordar... Qué régimen es el mejor para engordar. Debe haber miles. Yo no uso cremas, pero... hay buenas para las arrugas...

Eugenia: Hacen milagros.

Matilde: *(a Eugenia)* La gente joven sabe mucho sobre regímenes y... y belleza. *(A Leticia)* ¿Cómo me quedaría el rubio? De joven era rubia. Teñida, claro. Con buenas cremas, teñida, quizás de pronto pueda... pedirte perdón.

Leticia: Nunca te perdonaré.

Matilde: *(bufa, irritada)* ¡Margaritas a los chanchos! ¡Margaritas a los chanchos!

Eugenia: ¡No! ¿Creés que es tan fácil? Te odia. La odiás, ¿no?

Leticia: Sí.

Matilde: ¿Y entonces? ¿No te digo? ¡Quiere que me arrodille!

Leticia: Sí. *(Matilde, enfurecida, va a arrodillarse. Leticia la levanta brutalmente de un brazo)* ¡No así! Que te arrodilles en cada recoveco, que te vayas ganando el pasado y lo construyas de nuevo.

Soy una nenita en la cuna, y tengo dos años, y seis y vas a buscarme a la escuela. Estoy enferma y no te apartás ni para beber un vaso de agua. Cada día estás conmigo, cada mañana despierto y te veo, me duermo y te veo... ¡Construí ese pasado! No, ¿qué digo? Nadie lo mueve, y yo te guardo rencor. Pero el rencor cansa.

(Matilde se queda muda. Lentamente va hacia la silla y se sienta. Con la cabeza gacha, se mira las manos)

Leticia: *(hiriente)* ¡Cuántas manchas de vejez tenés en las manos! Delatan tu edad. Mucha.

Matilde: *(las esconde)* Son manchas de sol.

Leticia: *(la contempla. Un silencio)* Conozco bastante sobre cremas. Las vendí en una época, de casa en casa.

Matilde: *(con voz tenue)* Trabajo duro.

Eugenia: ¿Te parece que necesita? No está muy arrugada.

Matilde: Sí, estoy llena de arrugas. Y bolsas bajo los ojos. Tengo un dolor en la pierna... Quizás conozcas algo para que me pase... ¡Soy sana! Sólo ese dolor...

Leticia: *(ríe)* Una madre joven es una delicia. Pero conocerla de vieja, achacosa... Te creció un vello largo, acá. Enrulado. *(Se señala la barbilla)* Las viejas

79

nunca se dan cuenta cuando les crecen esos pelos. No ven bien, no se los arrancan. Patético.

Matilde: Sólo ese dolor...

Leticia: Nunca te perdonaré. La niña que fui no te perdona. No lo esperes. No te sostendré la mano cuando mueras. Viviré lejos y no lo sabré. La intuición sólo existe si amamos. Y a veces ni siquiera. Quizás te estés muriendo y yo esté en un día feliz, riendo de una broma de mis hijos. ¿Quién lo sabe?

Eugenia: No tenés derecho...

Leticia: ¡Los tengo todos! *(a Matilde)* Nunca te perdonaré. Pero, por favor... *(bajo e intensamente)* hacé que pueda amarte, que pueda amarte...

Matilde: *(la mira. Luego, a Eugenia)* ¿Cómo? *(Eugenia no lo sabe. Se encoge de hombros. Matilde se acerca a Leticia, tiende con vacilación la mano hacia su rostro. Leticia retrocede, aparta el rostro. Matilde deja caer su mano. A Eugenia, vencida)* ¿Traés un té?

Eugenia: Lo traigo. *(Sale)*

(Leticia y Matilde se miran, Leticia con dureza. Larga pausa)

Leticia: Mamá.

Telón

Pedir demasiado

Pedir demasiado
2001

Personajes: Mario, Elena

Se oyen risas. Entran Mario y Elena de la calle, un poco achispados.

Elena: Es un buen chiste. Yo no tengo memoria. Nunca me acuerdo de los chistes que me cuentan.

Mario: Yo sí. De elefantes. ¿Por qué dicen memoria de elefante? ¿Vos sabés?

Elena: Porque si alguien les da una patada, no olvidan. Se acuerdan cien años después.

Mario: No. Eso es rencor. *(Le acerca el rostro)* Memoria de elefante porque se acuerdan del lugar adonde van a morir. *(Ella se aparta. Él muestra una foto sobre la pared)* ¿Te gusta? Te gustaban las fotos de paisajes. Las buscaba para vos. Paisajes especiales, con agua. El mar o el río. Lugares, corrientes que nos llevan.

Elena: *(se distancia)* Sí. Me gustan esos paisajes. Aún ahora. Ya le dije cuando la colgó hace...

Mario: Un año, dos meses.

Elena: Estrenaba su departamento. Fue la primera vez que estuve aquí. Había que arreglar unos asuntos y yo vine.

Mario: Ah. Me parecía que no conocía esa foto, que no había estado en mi casa. ¿Qué toma?

Elena: Nada con alcohol. Café. Ya bebí mucho en la cena.

Mario: *(le pone una copa en la mano)* No importa. La copa del estribo no cuenta. Beba. No nos vamos a emborrachar por una copa...

Elena: *(ríe)* ¡Más! No se sabe. Me siento muy ligera.

Mario: Ligera, ¿cómo?

Elena: Como en las nubes. Tengo que irme.

Mario: Sí, en algún momento tiene que irse. Si tarda diez minutos, media hora, es lo mismo.

Elena: Bebo y me voy. Me esperan.

Mario: ¿Quién la espera?

Elena: Estoy casada, lo sabe.

Mario: Ah, ¿cómo lo olvidé? Felicitaciones. *(Silencio de Elena)* ¿No las acepta?

Elena: Por supuesto que sí.

Mario: Seguramente debe de estar impaciente por volver. Lo advierto en su cara. ¿Quiere irse ahora? No la retengo. A contragusto, no. A la fuerza, no. *(Con cierta rudeza le saca la copa de las manos)*

Elena: *(la retoma)* Beberé una copa, dije.

Mario: Entonces, bebamos en paz. Salud. *(Pausa)* Hace calor. ¿No hace calor en este departamento?

Elena: No.

Mario: Pega el sol todo el día. Un horno. ¿El tuyo es más fresco?

Elena: Igual.

Mario: Igual no. No hay dos departamentos iguales. No los habitan personas iguales. ¿Sabés qué decía San Francisco?

Elena: ¿Sobre los departamentos?

Mario: No. Decía, perdona, Dios mío, por haber

cometido el pecado de tristeza. ¿O lo dijo otro? No sé. Bebí demasiado. Pongamos que fue San Francisco.

Elena: *(risueña)* ¿Cuál de ellos? Hay un montón. Santos buenos, santos malos. Y todos se llamaban Francisco. ¿El que le cantaba a las florcitas? ¿Al hermano sol, la hermana luna?

Mario: Ese. ¿Vos lo ves a San Francisco?

Elena: ¿Si lo veo? ¿Dónde? *(Se tienta de risa)* ¿En un departamento? No sé por qué me río. Estoy borracha. No, no lo veo.

Mario: Yo sí. Lo veo. Bajo, flaquito, un poco roñoso, con las uñas cortas porque se las mordía.

Elena: ¡No había tijeras! *(Ríe, no puede parar)*

Mario: *(la mira, serio. Espera hasta que ella deja de reír. Retoma)* Con las uñas cortas porque se las mordía. Había renunciado a todo ese San Francisco.

Elena: Es lo que corresponde. Si son santos como se debe, tienen que mortificarse. Son todos flaquitos, llenos de flechas. Es una vida muy sacrificada. No pueden correr tras el lujo, el dinero, las mujeres...

Mario: Este no corría. Había renunciado a todo. A
           sus títulos, al lujo, a las mujeres. No por hu-
           mildad, por cálculo. Jugó a pleno: para ganar
           a Dios, el Paraíso. Por cálculo apostó al sacri-
           ficio, a un alma serena y tan pura que pudo
           hablar a los animales como un semejante, de
           igual a igual. Lo que no esperaba era esto: un
           día, al sol, el paisaje italiano, las colinas..., todo
           perfecto, los pajaritos cantaban a su alrede-
           dor, se posaban en su hombro, había comido
           pan duro, bebido agua: un banquete, se arro-
           dilló y ¡paf!, el día se oscureció, los pajaritos
           se transformaron en buitres, el Paraíso en pe-
           sadilla porque no podía imaginarlo.

Elena: *(se distancia)* ¿Y por qué le pasó eso? No com-
           prendo.

Mario: ¿*Usted* no comprende?

Elena: Mi asunto son los negocios. Para lo demás...
           quizás me falte un poco de perspicacia, no sé.
           Uno es hábil para algunas cosas y torpe para
           otras. *(Señala)* ¿Adónde da ese ventiluz?

Mario: A un pozo de aire.

Elena: ¿Y por qué lo hicieron tan chico? Si usted lo
           cambiara por un ventanal, el departamento
           sería más fresco. El aire acondicionado tam-
           bién sería una solución.

Mario: No puedo ahora. El trabajo, ¿sabe?

Elena: ¿Lo perdió?

Mario: No, no. Pero la situación es incierta. Tan incierta como...

Elena: No hubiera debido gastar tanto esta noche.

Mario: ¿Por una cena? Quería empezar bien. Nuestra primera, larga cena después de...

Elena: *(lo interrumpe)* Me parece que hay olor a gas.

Mario: ¿Sí?

Elena: Lo huelo. ¿Usted no?

Mario: Sólo percibo... un delicioso, casto perfume. *(Se acerca a ella)* Un aroma a lavanda, a mezcla de...

Elena: Mejor que se cerciore. Puede haber un escape.

Mario: ¿Escape? No... Todo es nuevo aquí. Hasta su perfume.

Elena: Las distracciones son peligrosas. Hágame caso. Vaya.

Mario: ¡Hum! En realidad, presumo que usted teme otros riesgos. *(Le guiña un ojo)* Voy a ver. *(Sale. Elena deja su copa, se incorpora. Mario regresa)* Todo en orden. Una llave mal cerrada en la cocina. Apenas dejaba escapar un hilito. Buen olfato.

Elena: El hilito a la larga puede formar una nube. No sea imprudente.

Mario: *(ríe con burla)* ¡Me cuida! No se perdería mucho, créame.

Elena: *(recoge sus cosas)* Es hora de irme.

Mario: *(se las quita)* Un momento más.

Elena: Me esperan, dije.

Mario: Oh, quien la espere, debe de saber que tenía una cita conmigo. *(Con intención)* No se lo habrá ocultado, ¿verdad?

Elena: De ningún modo.

Mario: Entonces no estará muy ansioso. ¿O sí?

Elena: Es tarde.

Mario: No digo si transcurre la noche entera, si demorara horas en aparecer, hasta el alba, por ejemplo, pero... por un instante... Está bien, existen tipos pegajosos que siempre presionan. Cualquier excusa les sirve para armar un batifondo. ¿Es de ésos?

Elena: *(terminante)* No. En absoluto.

Mario: ¿No hay celos de por medio? ¿Desconfianza?

Elena: No.

Mario: ¿No la sigue como un desesperado? Hay hombres que...

Elena: Asfixiantes.

Mario: Difíciles de soportar.

Elena: Muy difíciles. Con ellos, el aire se enrarece.

Mario: Hablando de asfixia... hay quienes se suicidan con gas. No les importa el tufo. Tapian las ventanas. Ponen papeles en las ranuras de las puertas. Frazadas... Después, cuando el tipo consiguió lo que quería, si a alguien se le ocurre averiguar por ese olor en el pasillo..., fuerza la puerta... y enciende un fósforo, ¡pum!, muere con él. Aunque sea de otra muerte, destrozado. Me parece una desconsideración.

Elena: *(fríamente)* Suicidarse es siempre una desconsideración.

Mario: Sí, abandonar la ropa sucia para que la laven los otros, para que la entierren los otros.

Elena: Fue una cena exquisita. La disfruté mucho. Vengo de un pueblo donde de costumbre se come mal.

Mario: ¿Por pobreza?

Elena: No siempre. Por falta de refinamiento. Suena odioso, pero es así. La cocina es un arte arduo. No todos lo saben.

Mario: *(ríe)* ¡Cómo cocinabas! *(Se sirve y bebe rápidamente un vaso de agua)*

Elena: *(lo observa. Comenta ligeramente)* ¡Qué sed!

Mario: Hace calor en este departamento.

Elena: El ventanal allí solucionaría el problema. O el aire acondicionado.

Mario: *(se sirve otro vaso, bebe)* ¿No me preguntás?

Elena: ¿Qué debo preguntarle? ¿Por qué bebe tanta agua?

Mario: ¡Eso mismo!

Elena: *(se encoge de hombros)* ¡Por sed! Porque hace calor. O la comida salada...

Mario: *(ríe)* ¡Para apagar tanto fuego! ¡Perdiste!

Elena: *(bosteza)* Le dije que si no quiere aire acondicionado, el ventanal allí solucionaría...

Mario: *(impaciente)* Sí, sí. La oí. Le voy a hacer caso. En algún momento tomaré las medidas, vendrán los albañiles, romperán todo, pondrán el ventanal... *(Bruscamente)* Mi mujer me dejó. Quizás haya sido porque no me decidí a tiempo. Por el ventanal. *(Incómoda, ella muestra una expresión de compromiso)* Sabía que iba a dejarme, yo intenté convencerla de lo contrario.

Elena: No lo consiguió.

Mario: *(señala)* ¡Ya ve! Resolvió separarse y no hubo forma de conmoverla. Y no porque fuera una piedra. Era... dulce. Yo le hablaba de mí, del abandono, y el rostro se le congestionaba, los ojos comenzaban a lagrimearle y yo me arrepentía de haber hablado. Pero en el fondo no se conmovía.

Elena: *(secamente)* Perdone. ¿Por qué me cuenta esto?

Estoy contenta, no quiero saber. Además, tiendo a emocionarme.

Mario: Se le congestiona el rostro.

Elena: No. Lloro antes.

Mario: Le tienta la risa, le tienta el llanto. No lo hubiera creído.

Elena: Pero prefiero ahorrarme las lágrimas. Nunca fueron un alivio. Me debilitan y hasta me humillan, sobre todo cuando son inútiles, cuando no puedo ayudar.

Mario: Le debe suceder con frecuencia.

Elena: ¿Qué?

Mario: Eso: no poder ayudar.

Elena: ¿De dónde lo deduce? Me refiero a que algunos aprovechan cualquier hombro cercano para lamentarse. Agradezco que no lo hagan. A usted también se lo agradecería.

Mario: *(bromista)* ¡Yo sólo me quejé del calor!

Elena: Entonces no se sienta aludido.

Mario: ¿Cómo no? Fue muy directa. ¿Usé su hombro?

(niega) Yo soy inmune. Al llanto. Me pueden contar los desastres más grandes y no se me mueve un pelo. Impertérrito. No me afectan las desgracias ajenas.

Elena: *(ácidamente)* Sólo las suyas.

Mario: Ni aun las mías. Soy un hombre. *(Abre un cajón de un mueble, otro)* ¿Dónde estaba? Lo puse por aquí. *(Retoma)* Mi mujer me dejó.

Elena: *(irritada)* Ya me lo dijo.

Mario: Ella se fue, llorando. Llenó su valija con su ropa, la alzó y se marchó por esa puerta. Sus propias lágrimas no la conmovieron. Yo la amaba. Y se lo decía. Inútil. Como si oyera llover.

Elena: *(dura)* Quizás no fuera así. ¿Por qué se fue llorando entonces?

Mario: *(no la escucha)* Qué falta de imaginación. Lo malo de alguien que cesa de amar es que pierde totalmente la imaginación respecto a ese otro que *sí* sigue amando. No imagina siquiera la desesperanza. *(La mira)* ¿A usted no la desvela la imaginación, verdad?

Elena: No para preocuparme. Me desvela sólo en algunas cosas.

Mario: Sí, sólo en algunas cosas. *(Sonríe)* De negocios. *(Busca en los cajones)*

Elena: ¿Qué busca?

Mario: Esto. *(Saca un revólver del cajón. Lo mira y lo deja)* Yo no podía suplicarle. Por orgullo. Hacía
chistes, de tanto en tanto la invitaba a comer,
como a usted. En el fondo, San Francisco era
ingenuo, la tristeza está siempre a nuestro alrededor. Tentándonos.

Elena: ¿De dónde ladra ese animal? Qué barullo.
¿Lo oye?

Mario: Es del vecino. Ahora duerme. Antes de dejarme, me confesó que se había enamorado. Le
resultó difícil. Creía que yo estaba en babia con-
templando la luna. ¡Si hubiera visto su rostro!

Elena: Congestionado, supongo.

Mario: Culpable.

Elena: Fue sincera.

Mario: ¿Para qué? ¿De qué me sirvió su sinceridad?
Sólo a ella le procuró alivio. A mí me hundió.

Elena: ¡Ah, nunca conformes! Si no hubiera sido
sincera, la habría acusado de mentirle. ¿Qué

pretendía? ¿Embustes? ¿Una mentira tras otra?

Mario: No me preguntó mis preferencias. Quizás lo deseaba. Mucha gente vive feliz... así. Sabiendo y no queriendo saber.

Elena: Hasta que el techo se les desploma encima.

Mario: Ella no tardó mucho. En desplomarme el techo. Se había enamorado. No de mí. ¿Era posible? No de mí. Ya no de mí.

Elena: (*ásperamente*) Ya no de usted. ¿Y entonces?

Mario: ¿Cree que armé un escándalo? Se equivoca. Me contuve. Impertérrito, le dije. No me enojé, no formulé reproches... Se opuso a que le cargara la valija, si no yo... imagínese. Se la hubiera llevado hasta el taxi. Procedí como un caballero. ¡Con una serenidad! ¡Unos modales! ¿Acaso no le parezco un caballero, un tipo cortés?

Elena: (*violenta*) ¡No! ¡No me parece! Un caballero no cuenta... ¡nada!

Mario: A ella no le conté... nada. No le conté que cuando hizo su valija y se marchó, al cerrarse la puerta detrás de ella, se me cayó el mundo. Me tiré de cabeza contra esas paredes. Qué infantil ¿no? Me lastimé hasta el hueso. Pegué contra el filo del ventiluz. ¿Ve la cicatriz?

Elena: Ya ni se nota.

Mario: Después del golpe, pero no por la cabeza rajada, ¿qué hice? Aullé como un energúmeno, como el hombre lobo. Desesperado. Lo del aullido no se lo dije nunca. Hubiera podido conmoverla. ¿Qué cree?

Elena: No sé. Quizás estaba conmovida, desesperada en algún lugar, y lo ocultó.

Mario: *(ríe)* ¿Desesperada en algún lugar? ¿Desesperada en secciones, por pedacitos? Usted no sabe nada de la desesperación, amiga mía.

Elena: Si hubiera podido remediar algo, no sé, confortar de algún modo a su alcance, ¿piensa que ella no lo habría hecho? Se fue con su valija, dijo, y yo podría decirle que no se volvió a mirar a ese hombre que abandonaba porque...

Mario: Porque tenía toda la crueldad de quien es feliz.

Elena: ¿Y qué solución propone? ¿Cuál? ¿Qué podía reparar ella? No se me ocurre. ¿Simular lo que no sentía?

Mario: Siempre se puede un gesto amable. Yo quería tocarla. Qué cosa, ¿no? Quería tocarla. Pero no se lo dije. Por orgullo. *(Mira abstraídamente el revólver sobre el mueble, lo hace girar con la punta del dedo)* Y ella no tenía imaginación como para saberlo sin que se lo dijera.

Elena: Hace rato que lo estoy mirando. ¿Por qué no deja de jugar con ese revólver? Usted está muy entretenido pero a mí me fastidia.

Mario: ¿Se asusta?

Elena: Me fastidia. Ese revólver no asusta a nadie. Es una antigualla; si no está oxidado poco le falta. Hace años que no funciona.

Mario: No es así. Lo mandé a arreglar cuando empezó esta historia... *(sonríe)* de ladrones. Es preciso protegerse, ¿no? Disparar primero.

Elena: Peor el remedio que la enfermedad. ¿No lee los diarios? Ese que dispara primero, no siempre acierta, le devuelven los tiros. Y con más precisión. *(Bruscamente se incorpora. Guarda el revólver en el cajón, lo cierra con un golpe seco. Se miran. Con una violencia sorda, mirándose fijamente, él abre el cajón y ella vuelve a cerrarlo. Él insiste dos o tres veces y ella se opone. Mario termina por apartarla con su propio cuerpo, un poco brutalmente, y entonces, cediendo con un despectivo encogimiento de hombros, Elena renuncia y vuelve a su sitio)*

Mario: *(hace girar el revólver con la punta del dedo)* No hago mal a nadie. Pero si la irrita... *(Levanta la mano)* Ella era muy... inflexible. Cuando decidió abandonarme no hubo forma de que volviera atrás. Hecho consumado.

Elena: ¿Y por qué insistió? No es inteligente insistir. Eso también irrita. Hay que dejar en paz a la gente.

Mario: No se ponga odiosa.

Elena: ¿Por qué? Lo único que digo es que no somos dueños de nadie.

Mario: ¿Dueños? ¿Quién lo piensa? Jamás me sentí dueño de nada, de nadie. De ella, menos, que era tan... inflexible. Si la requerí en algo, fue con tantas precauciones, tantos miedos... A veces me parecía que se conmovía, que estaba a punto de acceder a...

Elena: Nunca a volver.

Mario: A hacer el amor conmigo. No el amor. A hacer la ternura, la misericordia, repetir fraternalmente el amor. Porque me había querido tanto.

Elena:	Fue precavida. Se hubiera sentido mal. Los dos se hubieran sentido mal después.
Mario:	¿Quién sabe? ¿Quién puede asegurarlo con certeza?
Elena:	Ella no lo amaba.
Mario:	Decía que sí... fraternalmente. ¿Y por qué no podíamos hacer el amor... fraternalmente? O por algún otro sentimiento, no la pasión pero... un resto de cariño.
Elena:	No alcanza. Se necesita...
Mario:	¿Qué? No hay una sola clase de amor, ¿sí? Hay tantas, buenas o no, generosas, crueles... Y en última instancia, todas sirven. El sediento es capaz de agradecer el agua turbia. Hubo una época en la que leíamos juntos un libro. No juntos. Yo lo leía de noche, ella de día.
Elena:	Leo poco. Creo que me lo perdí. ¿Era interesante? ¡Pero no me lo cuente! Los libros, como las pesadillas, mejor no contarlos. Queda el esqueleto, y el desdichado que oye no comprende por qué el placer, por qué la admiración...
Mario:	O la angustia, en la pesadilla.
Elena:	Uno pone cara de interés y se aburre a muerte.

Mario: No se va a aburrir. Se lo cuento. En dos se-
gundos. Una mujerona huesuda se enamora
de un petiso jorobado y el jorobado se enamora a su vez, furiosamente, de un fortachón
perverso. Cuánto sufren, se maltratan, incluso se odian. Y a pesar de todo, sólo se hablaba de amor en ese libro. En la realidad...

Elena: Uno se guarda de esos amores.

Mario: Va a lo seguro.

Elena: Sí, aparta los problemas si puede. Además,
mejor ningún sentimiento que obrar impul-
sados por la lástima.

Mario: ¿Y quién quiere lástima? ¿Es eso lo que hay
en la alacena? ¿Sólo lástima? (*Hace girar el revólver con la punta del dedo. Un silencio*) ¿Tenés
miedo?

Elena: ¿De qué?

Mario: Podría disparar.

Elena: ¿A quién? (*Él la mira burlón, alusivamente*) ¿A
mí? Dos personas que festejan un arreglo,
van a cenar amistosamente, beben un poco
de más... no hay motivo. No, no tengo miedo alguno.

Mario: Podrías tenerlo. Yo podría pegarme un balazo. "Morir / es un arte como cualquier otro / Yo lo hago más que bien."

Elena: *(ríe)* ¿Quiere asustarme?

Mario: *(después de un momento, ríe también)* Sí, creo que sí. ¡Me pescó!

Elena: Usted no es de esa clase de hombres. No se deprime fácilmente. Y ese revólver es pura chatarra.

Mario: ¡Hum...! Parece la otra. Inconmovible. Después de la separación, el divorcio fue más tarde, nos quedamos amigos. Ella creía que era posible. Eso, quedarse amigos. Encontrarse de vez en cuando y contarse las pequeñas cosas de las que está hecha la vida.

Elena: ¿Por qué no?

Mario: Porque la amaba. *(La mira)* No la podía tocar. *(Se roza el rostro)* Ni esto. Inexpugnable.

Elena: Usted le da demasiada importancia al amor. Prefiero la amistad, como la que tenemos entre nosotros. Es una amistad que llamaría... afectuosa –pero no confidencial–, por eso es buena. Esta noche la bebida alteró un poco el panorama, lo lamento.

Mario: Cuando ella me dejó, no sólo grité. Enflaque-
           cí, bebí de más. No como esta noche, mucho
           más. Sin placer, por abandono, quizás despe-
           cho. También pensé en acostarme sobre las
           vías del tren como quien va a dormir la sies-
           ta, quedarme ahí, quietito...

Elena: *(se burla)* Para aterrorizarse, gritar de pánico,
           ¡y saltar lejos al primer ruido del tren! Sí, a
           veces cruzan esas ideas por la cabeza. Pero
           llevarlas a cabo es otro asunto.

Mario: Yo había tomado la decisión. Desistí por otro
           motivo: me pareció muy duro.

Elena: *(bromea)* Sí, es duro.

Mario: No lo hubiera sido para mí. El tren aplasta,
           corta un cuerpo como una bestia bruta, y
           entonces... Por los pedazos. Si pasaba un
           chico y los veía. Le arruinaba la infancia. Y
           después, vaya trabajo desagradable para
           aquellos a quienes iba a tocarles recoger el
           tronco, la cabeza, los bracitos... ¡Algunos
           dedos! Guardarlos en una bolsa. Eso me
           detuvo.

Elena: ¡Tiene un balcón! No lo había visto.

Mario: *Tengo* un balcón.

Elena: Por eso mismo necesita el ventanal. Correría
          el aire de un extremo a otro.

Mario: *(la sujeta de la mano)* Se lo muestro. ¡Venga!

Elena: No, no. Al balcón, no.

Mario: *(ríe)* ¡No voy a tirarla abajo! Podríamos mirar
          juntos la luna, las estrellas... Un poco de ro-
          manticismo no vendría mal, ¿eh? Yo pasaría
          mi brazo por su hombro, *(lo hace)* la acercaría
          a mí... *(bruscamente intenta besarla)*

Elena: *(se desase con violencia)* No vine para esto.

Mario: ¿Y para qué vino? Se supone que podría in-
          tentarlo. No es tonta. Ni tan inocente.

Elena: Vine porque sabía que le gustaría compartir
          una última copa en su casa. Fue grata la cena,
          charlamos como amigos. ¿Qué le pasa? No se
          confunda.

Mario: Discúlpeme. Usted vio que quise guardar las
          distancias. ¡Hasta.ahora...! *(Levanta las manos
          con las palmas abiertas)*

Elena: Siga guardándolas.

Mario: Tiene mal carácter. Cualquier otra mujer se sentiría halagada.

Elena: Es lo que creen los hombres.

Mario: No se fastidie. De repente "vendrá del cielo un ruido como el de una ráfaga de viento impetuoso". Eso es el deseo.

Elena: Cuando se comparte. De otro modo no se oye el ruido ni el viento.

Mario: Qué drástica. Tan segura. Debe conceder una gran tranquilidad tanta certidumbre.

Elena: Se equivoca. A veces no tiene sentido arruinar dos vidas.

Mario: Cuando se puede arruinar una sola.

Elena: ¿Por qué San Francisco pidió perdón por el pecado de tristeza?

Mario: Quiere cambiar de conversación.

Elena: Sí.

Mario: ¡Por eso! Porque era pecado cuando lo tenía todo. Pero no lo tenía todo. Quién sabe extrañaba a Santa Clara, quién sabe descubrió que tenía tirria hacia los pajaritos y no podía volverse atrás porque todo el mundo hablaba de él que trataba a los animales de igual a igual. Todo el mundo admiraba: ¡Ah, San Francisco, ah, ah! *(Pálido, cierra los ojos)* Y el pobre no sabía qué hacer con su tristeza.

Elena: *(se levanta)* Se compadecía demasiado, me parece, su San Francisco.

Mario: No le simpatiza.

Elena: *(tarda un momento en contestar)* Sí... Pero quizás los pájaros querían que los dejara tranquilos, que no los fastidiara más con sus miguitas de pan y su charla y sus reclamos.

Mario: No reclamaba nada.

Elena: ¿No? Mejor así. Es tarde. Me voy. *(Recoge sus cosas)*

Mario: *(se las saca de las manos)* No todavía. Espere. Tengo una idea, y no la rechace.

Elena: ¿Qué idea? Usted no tiene muchas, sólo una idea fija.

Mario: ¡Qué mala! ¿Por qué tan mala? Oiga... *(Golpea con las manos sobre un mueble y al instante, balanceándose, emprende un ritmo contagioso. La mira, atractivo y sonriente. De pronto, Elena devuelve la*

*sonrisa, lo acompaña de la misma manera gol-
peando con las manos. Hay un breve, total momento de distensión. Y luego, él comienza a tara-
rear y bailan separados, con el mismo ánimo dis-
tendido, hasta que de pronto Mario la enlaza con
fuerza, hunde la boca en su cuello)*

Elena: *(se resiste, apartándose)* Basta ya.

Mario: ¿Por qué? ¿No nos divertíamos? ¿Música?
¿Un tanguito? Así no hablamos. No la marti-
rizo más.

Elena: Hablamos mucho.

Mario: Yo hablé, usted dijo muy poco. Vamos, juego
limpio. Es su turno ahora. Y no se guarde
nada.

Elena: ¿De verdad quiere escucharme?

Mario: *(un silencio)* No... Creo que no.

Elena: Entonces...

Mario: *(como si ganara una apuesta)* ¡Yo hablé! Le dije
de la otra, la que se marchó con su valija sin
una mirada atrás. ¡Yo hablé!

Elena: En exceso.

Mario: No, no. No en exceso. ¿Cuánto hace? Un año, dos meses, que no hablo.

Elena: *(ríe)* ¿Cómo hizo?

Mario: Lo ignoro. Sucede. Pero ahora se rompió el dique. Tengo más para contarle.

Elena: No, no. Basta. Sea piadoso. ¿Todavía hay más? ¡Qué historia la suya!

Mario: Interesante.

Elena: Llega a un punto, una piensa: por suerte concluye, y no, sigue, ¡sigue...! Al fin, me tomó por confidente.

Mario: Y sí, cuando a uno le prestan atención...

Elena: Yo no se la presto.

Mario: No mienta.

Elena: O se la presto por cortesía.

Mario: Miente. Le gusta oírme. Le gusta que le diga que cada minuto pienso en esa mujer, que ya no me ama. Incluso más. *Me duermo* pensando en esa mujer, que ya no me ama. ¿Se lo conté? No se lo conté. Pero el dolor no dura, ¿verdad?

Elena: Ni el más profundo.

Mario: Todo termina. Es cierto. Aunque uno se oponga, los sentimientos van por su cuenta, nos matan de amor, de angustia, y un día ¡zas! desaparecen. No existieron nunca.

Elena: ¡Sí, existieron! Desaparecen por alguna razón. Porque la pasión nos engaña, por aburrimiento. Así debió pasarle a ella, a esa que se fue con su valija sin una mirada atrás.

Mario: Me pasará a mí. Alguna mañana despertaré y definitivamente su recuerdo no tendrá peso. Será a lo sumo una languidez de hambre en la boca del estómago.

Elena: Sobrevivimos, siempre llega ese día.

Mario: ¿Y mientras tanto?

Elena: Distráigase. *(Él rompe a reír brutal, casi groseramente)* ¿Dije algo gracioso? Por lo menos, dígame dónde está la gracia. Así puedo compartir el chiste.

Mario: En ningún lado. No hay chiste, ni siquiera en el sueño, donde ella podría dejarme en paz. *Ahí* no me deja. Va y viene. A veces es como antes, otras veces como ahora. Y mientras ella va y viene, entra en mi cuarto o se despide desde la puerta, yo espero el momento en que el desamor no signifique nada. Pequeño muro vacío.

Elena: Entonces, ante el muro vacío, se dará cuenta de que realmente ella no valía tanta pena. Que también ella podía reemplazarse.

Mario: No se apresure. Hay días en que despierto y el muro está allí. Ella apoyada en el muro. ¿Quién es? Su rostro es cualquier rostro, su boca cualquier boca. Sin embargo reconozco sus gestos y esos gestos ya no me provocan nostalgia. Entonces, qué raro, ante esa figura vacía contra el muro, ¿sabe qué siento?

Elena: Tranquilidad.

Mario: ¡Noooo...!

Elena: Salta de alegría. Tanto pegarse la cabeza contra la pared... Piensa ¡qué necio, qué excesivo fui!

Mario: Pienso ¡qué necio!, pero sin ninguna alegría. ¿Cómo? ¿Ya es una extraña, ya no me importa? ¿Ni siquiera es una lastimadura, un resquemor? ¿Cómo olvidé de esta manera? Tan... banal. No lo soporto.

Elena: *(irónicamente)* Prefiere recordarla. Quiere recuperar el sufrimiento. Usted es muy contradictorio.

Mario: ¡Sí! ¡Si seré imbécil! *(Furioso)* Y usted lo es por no darse cuenta. ¡Por lo menos ella está en mi sufrimiento! ¡Y quiero que esté!

Elena: Oh, Dios mío, ¿por qué no se calla? Me incomoda, me fatiga. Usted ha perdido todo pudor. Muestra su pena como un regalo. Me lo ofrece a mí. Yo no lo quiero. Es un regalo con púas. Sus problemas no me pertenecen. Tengo los míos. Quizás también a mí me dejen en algún momento, y entonces... veré. Pero no realizaré esta exhibición, este... chantaje.

Mario: ¡Cállese!

Elena: ¿No era mi turno? Sólo quiere oír palabras que le convienen, eso desea. Ser retornado al vientre materno, ser acunado, ser confortado. ¿Por quién? Busca mal. No por mí. Yo no puedo hacer nada. Más que cenar algunas veces con usted y charlar de cualquier cosa, nada que nos concierna demasiado.

Mario: ¿Y de qué me sirve eso?

Elena: Usted me lo pidió.

Mario: Y usted accedió.

Elena: Me equivoqué. Yo no necesitaba verlo. No me muero por saber a cada instante cómo está, cómo sufre, cómo se lame sus heridas. Por lo menos ahora, cuando... *(se calla)* Perfectamente puedo pasarme de su presencia. Y de muchas otras, por lo demás.

Mario: *(después de un silencio)* Es feliz.

Elena: Lo soy. Y ocultar la propia felicidad es duro. No abunda tanto la felicidad ¿verdad?, para que la ocultemos, para que sea una mancha, para que la neguemos con vergüenza. Quiere mostrarse, la felicidad. ¡Y el que es desdichado debe tener el pudor de soportarla!

Mario: ¿Soportarla? Qué fácil. ¿Por qué no se lo pregunta a quienes nunca la han tenido?

Elena: Sólo me refiero a usted.

Mario: A mí... Directamente, ¿a mí?

Elena: A esa pobre criatura que se compadece. Y si quiere comparar, compare entonces con quienes sufran por hambre o muerte, no "porque ella me dejó". Esos son pesares, no los suyos.

Mario: ¿No los míos?

Elena: ¡No! Me parecen patéticos.

Mario: *(irónico)* No valen la pena. Los míos. *Comparando.*

Elena: Comparando, sí. Ella es feliz sin culpa. *Comparando.* Un azar, le tocó.

Mario: Hizo bastante para que le tocara.

Elena: Pero no tanto como el azar. Sí, ayudó. No fue indiferente. Cuidó esa circunstancia que le trajo una persona distinta.

Mario: Y desplazó a otra.

Elena: Ya lo estaba desde antes. A ella le tocó por azar vivir un buen momento. ¿Y en nombre de qué habría de dejarlo pasar? No abunda tanto la felicidad, le dije.

Mario: Y yo no pude dejar pasar el mío, el mal momento.

Elena: Ella no debe de celebrarlo. Y yo tampoco, créame.

Mario: Por suerte.

Elena: Pero me irrita. Su pena me irrita.

Mario: Buena protección. Irritarse.

Elena: ¿Qué espera? Me defiendo. Su pena cae sobre mí como una red. Quiere que la comparta, que la mitigue, no sé qué quiere.

Mario: No su compasión.

Elena: ¿Es así? A falta de pan, cualquier cosa le viene bien. Hasta esta exhibición de sufrimiento. ¡Póngale fin, por Dios! Ella se marchó con su valija, pues ódiela, ¡muérdase la lengua antes de pedir lo que no puede ser! *(Mario la mira, se vuelve de espaldas. Cuando él lo hace, ella no aparta la mirada de él, suspira, afloja su tensión. Se produce un cambio, aflora una expresión de pesar en su rostro. Después de un largo momento, va hacia el aparato de música)* ¡Mario! *(Él se vuelve, la mira triste, interrogativo, también lejano)* Podríamos... oír música. Calma las fieras. *(Sonríe)* Las broncas. *(Enciende el aparato)*

Mario: *(lo apaga)* Otro día.

Elena: ¿Por qué no hoy? Para terminar la noche de una manera más...

Mario: ¿Venturosa? Estoy cansado. ¡No de usted! Simplemente, me vino la fatiga de golpe, el sueño. Seguro que dormiré como plomo. He sido desconsiderado. Le pido disculpas. También por haberla retenido. *(Le alcanza el chal, con cuidado se lo pone al cuello)*

Elena: No tiene importancia. Fue bueno el encuentro, la cena. Si después nos alteramos fue... Tenemos el carácter vivo.

Mario: Por eso. *(Va hacia la puerta)* Adiós.

Elena: *(ríe incómoda)* ¡No me eches!

Mario: No la echo. ¡Por favor! Pero mañana me levanto temprano. Ya le dije a ella, a la otra, todo lo que tenía que decir. Inconmovible.

Elena: Quizás...

Mario: *(le cubre la boca con la mano)* Ssss...

Elena: Tenés las manos frías.

Mario: Sí. Después de tanto calor... Si lo pienso, no necesito el ventanal. Muévase. Está muy oscuro, tan silencioso... Imagine la calle. Hasta este cuarto parece vacío, como si ya no estuviéramos.

Elena: *(bromea)* Oh, si no estamos es porque realmente deseás que me vaya.

Mario: Si lo considera de este modo... No. La verdad, debo levantarme temprano.

Elena: Me voy. *(Con una mirada hacia el revólver)* Ese revólver no es un lindo adorno. Guardalo, por favor. ¿Funciona, como dijiste? ¿O era broma?

Mario: Ni siquiera está cargado. Es un revolver viejo, ¡Qué va a funcionar! Chatarra.

Elena: Chau. Gracias por la cena. No deberías haber gastado tanto. Cuidate. *(Lo besa. No se separa en seguida)* Date tiempo.

Mario: Me lo daré. Chau *(Antes de irse, ella tiende la mano en un intento desvaído de caricia, la deja caer. Sale. Mario permanece inmóvil un momento. Luego va hacia el mueble, hace girar el revólver con la punta del dedo)* No es venganza. No es venganza. Lo vas a entender, ¿no? No es por vos. Es que el edén pertenece a la nada. *(Levanta el revólver)*

           Telón

Lo que va dictando el sueño

Lo que va dictando el sueño
1999/2000

Fue estrenada en agosto de 2002 en la Sala Casacuberta del Teatro General San Martín de Buenos Aires, con el siguiente reparto: Ana, Alicia Zanca; Viejo (y Mucamo), Jorge Suárez; Director, Horacio Peña; Julia, Julia Calvo; Manuel, Luis Machín

Escenografía y vestuario: Graciela Galán
Música: Carmen Baliero
Asistencia de dirección: Libertad Alzogaray y Rubén Pinta
Puesta en escena y dirección: Laura Yusem

Escena 1

Una amplia habitación en la que sólo hay dos camas de metal blanco y una silla también de metal. Dos puertas y una gran ventana a foro. En escena, Ana. Es joven, de movimientos graciosos, lleva un vestido claro, el cabello sobre los hombros.
Se oye en la lejanía y desde un espacio abierto, una voz de mujer que llama: "¡Manuel! ¡Manuel!".

Ana: Manuel. Te estoy llamando. No te escondas. Manuel, Manuel.

           (Entra Manuel. Lleva gorra, viste elegante ropa náutica)

Manuel: No me escondo. Aquí estoy.

Ana: ¡Manuel! *(Corre a abrazarlo)*

Manuel: Hermanita.

Ana: ¿Cuándo llegaste?

Manuel: Hace un momento.

Ana: No te esperaba. En realidad, te esperaba minuto a minuto. Aunque sabía que estabas lejos en el mar o en un puerto, distraído con otras cosas, con otra gente.

Manuel: Ya no. Te extrañé mucho, hermanita.

Ana: Yo también. Me sentía en un pozo, me faltabas como el aire.

Manuel: ¿Y ahora? *(Ella ríe gozosamente)* ¿Y ahora?

Ana: Verte, oír tu voz, –¡laralalá!– me ha traído a la superficie.

Manuel: ¿Y?

Ana: Todo es luz. Respiro, ¡tan contenta!

Manuel: Yo estoy más que contento: dichoso. No veía la hora de abrazarte. *(La enlaza por la cintura, dan unas vueltas)* Hasta el mar me aburría. Traje un regalo. ¿Para quién?

Ana: ¡Para mí!

Manuel: ¿Dónde está? *(Alza los brazos para que ella busque en sus bolsillos)*

Ana: *(busca)* Aquí no... Aquí tampoco. ¡Aquí! *(Saca un estuche de uno de los bolsillos)* ¿Qué es?

Manuel: Abrilo.

Ana: *(lo abre. Descubre una cadena de oro en el estuche)*
            ¡Oh, qué belleza!

Manuel: Para vos. *(Se la coloca)* Oro sobre tu corazón
            de oro, belleza para tu belleza, que podría
            empañarla pero es generosa y no lo hace.

Ana: *(la cubre con la mano)* No me la quitaré nunca.

Manuel: Eso quiero. Ana, vuelvo a salir al mar. ¿Venís
            conmigo?

Ana: ¿Ya? ¿Tan pronto?

Manuel: ¿Venís conmigo?

Ana :   *(ríe)* ¡El mar me marea!

Manuel: Mentirosa. Jamás te mareaste.

Ana: ¿No?

Manuel: Ni en el peor huracán.

Ana: *(comienza a aceptarlo)* Ni en el peor... ¡Cierto!
            No me mareaba.

Manuel: Estaban todos tirados, vomitando, y vos eras
            la única serena.

Ana: Sí, como si la cubierta fuera el suelo de este cuarto.

Manuel: Entonces, ¿cómo no quererte conmigo? Serás mi timonel.

Ana: *(sonríe)* Y tu grumete.

Manuel: Cerrá los ojos. *(La lleva hacia la ventana. La abre. Se ven unos mástiles, una vela, moviéndose apenas en la luz de la tarde)* Mirá. ¿Qué te parece? El más hermoso de los veleros.

Ana: *(con una exclamación maravillada)* ¡Es otro! Más grande.

Manuel: Más grande. Y nunca se balancea demasiado.

Ana: A mí no me importa que se balanceé. *(Ríe)* ¡No me mareo ni en el peor huracán! Ni cuando diluvia y se enloquece el viento.

Manuel: Y la oscuridad nos ciñe, el barco sigue siendo para vos una casa segura. Casi sobro.

Ana: *(deleitada)* ¡No...!

Manuel: Nada de costas a la vista, sólo horizonte. Navegaremos mar abierto.

Ana: Las gaviotas cambiarán de rumbo y nos seguirán. Nos seguirán los árboles. Yo moveré la barra del timón según me digas, al este, al oeste..., y el velero obedecerá a mi mano.

Manuel: Sí, en el mar abierto. Y una mañana, al amanecer, encontraremos una isla sólo para nosotros. La descubriremos, fuera de los mapas, desierta, con bosques y una laguna de agua dulce. En el mar algas, langostas, peces...

Ana: El paraíso. Nadie podrá castigarnos por tanta dicha.

Manuel: Nadie. Ni Dios.

Ana: ¡Oh, Manuel! *(Lo abraza)* Quiero partir.

Manuel: Yo también. En seguida. El velero ya está aparejado.

Ana: Voy a cambiarme. ¿Puedo llevar los muebles de mamá, su mecedora, su cama, su colcha tejida...?

Manuel: Hay lugar.

Ana: ¿Y mis zapatos de taco? ¿Algún perfume? ¿El perrito?

Manuel: Lo que quieras.

Ana: Tardaré un instante. *(Se vuelve antes de salir)* ¿Cómo se llama el velero?

Manuel: ¿Cómo puede llamarse? Con tu nombre. Ana. ¡Ana!

(Ella ríe feliz. Sale. Manuel cambia de expresión, de la alegría benevolente pasa a la indiferencia. Se queda inmóvil. Por la ventana abierta, lentamente, los mástiles del velero se alejan)

Escena 2

El mismo espacio, las dos camas y la silla. La ventana cerrada. Se oye un ruido de mar. En una de las camas, un viejo está acostado vestido con un grueso camisón de tela blanca. Después de un momento, se incorpora con esfuerzo, se recuesta, la espalda contra los barrotes.
Ana, con uniforme azul de mucama, delantal y cofia, está apoyada en un cepillo de mango largo, se balancea suavemente con cara de dormida, los ojos cerrados, una semisonrisa feliz. Parece de más edad. Cuando el viejo la chista, Ana, sin abrir los ojos, lleva la mano al pecho, la deja en el lugar donde caía la cadenita. El viejo insiste. Entonces, con un suspiro, Ana abre los ojos, mira al viejo como si despertara. Luego, comienza a limpiar el piso con un trapo que moja en un balde.

Viejo: Hay una inundación. Escucho ruido de agua.

Ana: Es el mar.

Viejo: Sí, el Riachuelo.

Ana: No. Es el mar que golpea el muelle.

Viejo: ¿Qué decís? Son aguas sucias.

Ana: El mar transparente.

Viejo: ¿Se fue el río? Ya me veo nadando con la cama en esa brea.

Ana: El mar.

Viejo: Las patas en remojo.

Ana: Estuve en un velero de tres mástiles. Partió conmigo, ¿lo sabía? Un viaje largo.

Viejo: Sí, hasta la casa de enfrente. Fijate si entró agua en el pasillo.

Ana: Es la marea. Al crecer golpea el muelle. *(Cesa el ruido de mar)*

Viejo: No oigo nada. Cambió el viento. ¡Disparó para otro lado!

Ana: Las mareas tienen reglas fijas. Obedecen a la luna.

Viejo: ¡Cambió el viento del sur, te digo! ¡Se acabó la inundación! *(Ana sonríe, menea la cabeza como ante un despropósito infantil. Viejo, agraviado)* ¿Por qué movés la cabeza con esa sonrisa idiota? *(La mira con hostilidad)* A vos no te conozco.

Ana: *(limpia)* Soy nueva. Empecé hoy a trabajar.

Viejo: Seguro que te recomendó el ministro.

Ana: *(se detiene, sorprendida)* Sí. Mi hermano. Mi hermano es ministro.

Viejo: Flor de puesto que te dio.

Ana: Es muy generoso. Pretendía darme otro cargo.

Viejo: En la embajada.

Ana: En el vele... ¿Cómo lo sabe?

Viejo: No quisiste.

Ana : No. ¿Qué haría en una embajada? Todos hablando idiomas. En este trabajo yo puedo... servir.

Viejo: ¿De veras sos hermana de un ministro?

Ana: Tanto no. Pero ocupa un puesto importante.
            Es secretario de un ministro.

Viejo: Ya veo. Tenés pajaritos en la cabeza. No bajás
            de los ministerios.

Ana: *(no registra. Sonríe)* ¿Hace mucho que está aquí?

Viejo: Desde que empecé a estorbar.

Ana: No diga eso. Está bien atendido.

Viejo: Antes los viejos se morían en su cama.

Ana: No hable de morir. Pronto mejorará, abuelo.

Viejo: *(salta, se atora)* ¿Qué-qué? ¿Cómo? ¡Mordete
            la lengua!

Ana: ¿Qué pasó?

Viejo: ¡El abuelo! ¡Guardate el abuelo!

Ana: Se lo decía cariñosamente. No se enoje.

Viejo: ¡Pues no! Con la peste que es tener una fami-
            lia, encima tener parientes extraños.

Ana: Perdóneme.

Viejo: *(se calma, la mira especulativamente)* ¿Fumás?

Ana: ¡Nunca!

Viejo: ¡Qué suerte! ¿No podés conseguirme un cigarrillo?

Ana: Está prohibido fumar.

Viejo: Andá al quiosco y comprame.

Ana: Está prohibido. Canto bien. ¿Quiere...?

Viejo: ¡Ni se te ocurra!

Ana: ¿Por qué? Canto rock, pop, punk, lo más moderno. *(Lo mira dubitativa. Luego canta desafinadamente)* Arrorró... Drumi mobila, drumi mi amor...

Viejo: ¡Callate! Soy viejo, no un bebé. ¡No acertás una!

(Entra el Director del geriátrico)

Director: *(con exuberancia profesional, al viejo)* ¿Qué tal? ¿Cómo se siente? Bien, ¿verdad? Lo sé por su cara fresca. ¿Por qué no está viendo televisión con los viejitos? *(Cambia de tono. A Ana)* Y usted ¿qué hace?

Ana: Estoy limpiando.

Director: Limpie los pasillos que se ven más.

Ana: Iba a traerle un poco de agua. Tiene ganas de tomar agua. *(Al viejo)* ¿Fría o caliente?

Director: ¡No se meta con los viejos! Para usted no existen. ¡Dedíquese al pasillo! *(Ana recoge el balde y sale rápidamente. Director)* ¿Qué tal? ¿Está cómodo? No es un sueño. Por fin se acabaron las preocupaciones para usted. Libre de pensamientos como un león en la selva. ¡Libre! Contento, ¿eh? Podrá salir los domingos.

Viejo: ¡Me abomba! *(Le da la espalda)*

Director: ¿Ya le dieron el desayuno?

Viejo: *(voltea la cabeza. Con odio)* Me dieron té. Yo tomo mate.

Director: Ya se acostumbrará.

Viejo: ¿Y por qué? ¿Por qué necesito acostumbrarme? ¡Si me gusta el mate! ¡Toda la vida tomé mate!

Director: Bueno, bueno...

Viejo: ¡Bueno, bueno! ¡Habla como un idiota!

Director: *(impávido, saca un recetario del bolsillo, escribe)* Vamos a recetarle... para que se serene...

Viejo: ¡No tragaré nada!

Director: No tragará nada... Bueno, bueno... Está muy alterado... *(Sale escribiendo)*

Viejo: ¡Turro! ¡Andá a calmar a tu abuela! ¡No tragaré nada! ¡Ni con tenazas conseguirán abrirme la boca! *(Remeda)* Está muy alterado... ¡Y sí! ¡Estoy alterado! *(Se levanta, comienza a tironear de las sábanas, las arranca, las enrolla)* ¡Me voy! ¡Me voy a dormir bajo los puentes! ¡Mis pantalones! ¿Dónde escondieron mis pantalones? *(Los busca debajo del colchón, patea las sábanas)* ¡Hijos de puta!

Ana: *(se asoma)* ¿Se fue? Tome. *(Le da un cigarrillo)* No lo fume ahora. El director anda cerca. Hace mal fumar.

Viejo: *(se pone el cigarrillo en la boca, aspira y aspira ansiosamente. Se lo saca de la boca, grita)* ¡Fuego!

Ana: ¡Ay, Dios mío! ¿Dónde? *(Irritado, el viejo señala el cigarrillo. Ana ríe)* ¡Me asustó! No tengo.

Viejo: ¡No tiene! Me trae un cigarrillo apagado, ¡estéril! ¡Estúpida! ¡Cabeza cuadrada! *(Rabioso, rompe el cigarrillo, lo tritura. Desolado)* ¿Qué hice? *(Junta los pedazos)*

Ana: Alégrese. El cigarrillo perjudica la salud.

Viejo: ¿Sos lela? Otras cosas son peores. *(Fatigado, se sienta en la otra cama)* Tengo que comer la porquería que me dan, nada salado, nada picante, nada de carne. Té con leche.

Ana: Está enfermo, abue... señor.

Viejo: ¡De vejez! Es una enfermedad mala cuando la deciden los otros. ¿Me mostrás una teta?

Ana: *(ríe)* ¿Cómo se lo ocurre? *(Ve la cama deshecha)* ¿Qué ha pasado aquí? ¿Fue usted? Lo van a retar. *(Hace la cama)*

Viejo: Había miguitas. *(Le mira los senos)* No son muy grandes.

Ana: ¿Le parece?

Viejo: Sí. A mí me gustan tetonas. Pero me conformo.

Ana: No.

Viejo: ¿Qué te cuesta? Todavía tengo ojos. Para el resto me arreglo solo.

Ana: ¿Cuál es el resto?

Viejo: *(lascivo)* ¿No lo imaginás? *(Se deprime)* Pero a veces me resulta difícil.

Ana: Puedo ayudarlo.

Viejo: *(se ilumina)* ¿Sí? ¿Lo harías?

Ana: ¡Claro que lo haría! *(Instantáneamente, el viejo se tira en su cama)* Hoy no, más adelante.

Viejo: ¡Cuando nos tengamos confianza! Más adelante seré un reblandecido. ¡De estar aquí!

Ana: No. Hoy es mi primer día de trabajo. Espere un poco. Hoy es martes, digamos... el jueves.

Viejo: Te tomo la palabra. Sesión completa. Exhibición y...

Ana: Prometido. *(Se lleva el índice a los labios, va hacia la puerta y espía)* Se fue. *(Señala la cama)* ¿Me deja sentar?

Viejo: ¿Es hoy?

Ana: No. Sólo quiero sentarme. Le reservo una linda sorpresa. De otro tipo. ¿Le gusta el mar?

Viejo: *(antipático)* No me gusta.

Ana: ¿Navegar en un velero? Puedo llevarlo. To-
            mará sol en cubierta.

Viejo: Le tengo tirria al sol. Me saca manchas.

Ana: Estará a la sombra. Sólo se oye el silencio y el
            crujir de las velas...

Viejo: Quiero bizcochitos con grasa.

Ana: También en el mar puede tener bizco...

Viejo: ¡No, los quiero en tierra firme!

Ana: *(sonríe)* Los tendrá. No cierre los ojos.

Viejo: ¡No los cierro nunca! Odio perderme algo.

Ana: Quédese tranquilo.

Viejo: *(muy agitado)* Sí.

Ana: Relájese.

Viejo: ¡Cuánta historia!

Ana: Las manos así. *(Se las coloca extendidas sobre la
            manta)*

Viejo: *(muy ansioso)* ¿Una sorpresa, dijiste? ¿Cierro
            los ojos?

Ana: No. Déjelos abiertos. *(Cierra ella los suyos, sonríe)*

Viejo: ¿Y? ¿Eso es todo? ¿Una sonrisa?

Ana: Sssss... Espere... *(Se lleva la mano al pecho, en el lugar de la cadenita. Se queda inmóvil, una semi-sonrisa, como invocando algo feliz que fuera a producirse. El viejo, atento, mueve la cabeza con movimientos de pájaro curioso. Se asoma el Director. El viejo, asustado, chista a Ana. Sin embargo, el rostro del Director denota amabilidad e interés, sus gestos son otros)*

Director: *(se acerca, cordialmente)* ¿Cómo se encuentra, mi amigo?

Viejo: *(sorprendido)* ¿Yo? ¿Su amigo?

Director: Todos los residentes son como padres para mí. Padres y amigos.

Viejo: *(halagado)* ¡No me diga!

Director: *(acerca la silla a la cama, se sienta)* Es duro estar aquí, lo sé. Un cambio brutal. Sus hijos lo han traído a contragusto. Sufren más que usted.

Viejo: ¿Sufren?

Director: ¿Qué creía?

Viejo: *(sin convicción)* Era necesario.

Director: Sí. De otra manera, nunca...

Viejo: *(lo cree)* ¡Ah, bueno! De otra manera, ¡nunca!
             ¿Escuchó, señorita? *(Ana abre los ojos, asiente.
             Viejo, feliz)* De otra manera, ¡nunca! Hubiera
             muerto al lado de ellos, con ellos sin dormir
             tomándome la mano, llorando a mares... Yo
             agonizando y ellos sufriendo sin consuelo...
             (Bruscamente) ¿Cómo me encuentra?

Director: *(sonríe)* Un joven en la flor de la edad. Veinte
             años.

Viejo: ¿No exagera? Digamos... treinta.

Director: Veinte. Querida Ana, ¿verdad que no exagero?

Ana: Absolutamente no.

Viejo: *(en el colmo del placer)* Bueno... ¡tendré que
             creerlo!

Director: Para usted. *(Le da un paquete de cigarrillos)*

Viejo: ¡Cigarrillos! *(Con súbita desconfianza)* ¿Y los
             fósforos?

Director: Aquí están. *(Agrega una cajita)*

Viejo: Puedo... ¿fumarlos?

Director: ¡Naturalmente! Sin abusar. ¿Se lo permiti-
             mos, verdad, Ana?

Ana: Cinco por día.

Viejo: *(admirado)* ¡Cinco!

Director: Alterne con esto. *(Le da una bolsita de caramelos)*

Viejo: ¡Caramelos!

Director: Un regalo más y basta. Dos entradas para el
             Colón. Disfrútelas.

Viejo: ¿Dos? ¡Puedo invitar a alguien! ¿Cómo... có-
             mo supo que me gusta la música?

Director: ¡Oh, lo he visto tan inteligente, sensible!

Viejo: ¿Sí?

Ana: Nadie como él tararea los valses vieneses.

Viejo: ¡El tango!

Director: Me lo imagino. Debe de ser un experto.

Viejo: ¡Lo soy! La música es lo único que me sere-
             na. No me rezonga, no me critica...

Director: Ahora le traerán la ropa y podrá bajar a desayunar.

Viejo: ¡Té!

Director: Sabemos que prefiere el mate.

Viejo: ¿Mate?

Director: Con medialunas y bizcochitos de grasa.

Viejo: ¡Mi sueño! Yo... yo... si debo confesarlo, creía que ya no existían.

Director: Existen. *(A Ana, alentador)* ¡Hágalo! No se atreve a pedirlo, pero ante cada mujer que ve, es su deseo.

Ana: Y cada mujer accede. Feliz como una Virgen amamantando a Jesús. *(Abre su escote, descubre un seno)*

Viejo: ¡Me muestra una teta! ¡No es tan chiquita!

Director: Y luego podrá pasear por el parque.

Viejo: ¡Ah! ¿Hay parque?

Director: Parque, árboles. Un bosque de pinos. ¿Qué árbol le gusta?

Viejo: *(mira el seno. Aparta la vista ocasionalmente para contestar)* ¡Todos! Pero... ¡los palos borrachos! Florecidos. Los rosas me vuelan la cabeza. ¡Me gustan tanto!

Director: ¿Pinos, dije? Sólo hay palos borrachos en el parque. Y, qué casualidad, todos con flores rosas.

Viejo: ¡Qué festín! Debe ser una... ¡una maravilla!

Director: Lo es. ¿Desea algo más?

Viejo: Yo... ¿yo deseo? ¿Es que puedo desear así, sin que nadie me corte la palabra, me muerda los talones?

Director: *(lo palmea afectuosamente)* Puede desear lo que quiera. Todo el tiempo. (*Va a salir. Se vuelve. A Ana, con una sonrisa)* Lo que él quiera, usted se lo concede. *(Sale)*

Viejo: ¡Oh, oh, señora, señorita...! Tanta felicidad me mata. ¿Qué hacés con la teta al aire?

Ana: ¿Cierro mi blusa?

Viejo: Sí, por hoy basta. ¿Viste qué cambio? Parecía otro.

Ana: *(con una risita)* Sí.

Viejo: ¡Me dio entradas para el Colón! ¡Y cigarrillos! *(Va a abrir el paquete)* No, los fumo después. Tengo que levantarme. Quiere que vaya a desayunar al comedor. Y luego al parque... los palos borrachos... Yo creía que las tetas me iban a poner loco, pero no. Me gustan más los palos borrachos, las plantitas, quizás... los malvones...

Ana: *(le acomoda la almohada)* Bueno, ahora descanse. *(Lo besa en la frente)*

Viejo: Sí. ¡Veinte años dijo! Descansaré un ratito para... levantarme... con todas mis fuerzas... ¡El parque! ¡Qué amable fue! Puedo... puedo... desear no importa qué...

Ana: Descanse. *(Va a besarlo nuevamente)*

Viejo: *(la rechaza)* ¿Quién te dijo que me besés, estúpida? *(Herida, ella se sobresalta retrayéndose. El Director se asoma. Ha perdido su aire amable. Ana se abalanza hacia el cepillo y limpia. Agitando los brazos, con una gran sonrisa, el viejo saluda al Director alegremente)* ¡Hola! ¡Hola!

Director: *(no registra. A Ana)* ¡El pasillo! ¡Está mugriento, tarada! No se lo diré más: ¡limpie o vuela! ¡A la calle! *(Al viejo)* Y usted, ¿por qué no duerme?

(Asustado, el viejo se esconde bajo las sábanas)

Escena 3

En el mismo espacio, con el ventanal a foro y las dos puertas, la
casa. Un sofá, dos butacas. Ana está sentada en una de las butacas, los ojos cerrados, la mano sobre el pecho. Viste su uniforme, pero sin cofia ni delantal. El rostro absorto y dulcificado, canturrea
de modo impreciso. Poco a poco, la voz se afina y aumenta de vo-
lumen. Vestidos a la moda de 1800, entran el Director del geriátrico, Manuel y Julia. Manuel se limpia los dientes con un palillo.

Manuel: La costumbre de los hombres solos tomando
café y cognac después de la cena no me va.
Nunca la comprendí. Después de comer
bien, apartar a las mujeres en la sobremesa,
me parece un sacrilegio. Justo en el momento propicio para escucharlas, deleitarse mi-
rándolas. *(Va hacia Ana, le pasa el dedo suavemente por la mejilla, la levanta y la aprieta contra
su pecho)* ¿Qué hacés, solita?

Julia: ¡Ah, Manuel! Pico de oro. Así me enamoraste.

Director: No le falta razón. Ana y usted son el mejor ar-
gumento.

Manuel: Pero nos permiten fumar, ¿verdad? ¿Ana?

Ana: Sí, Manuel.

Manuel: *(saca habanos, convida al Director. Se sientan)* Y ahora, cuéntenos, ¿cómo va el hospital?

Ana: Gracias a su apoyo, no tenemos problemas. Los chicos, buena alimentación, se reponen fácilmente. Y Ana nos brinda una ayuda inestimable.

Julia: *(ríe)* ¡Se sonroja!

Ana: No. Pero no merezco...

Director: ¡Todo! Pone su mano en una frente afiebrada y la fiebre cede, los llantos cesan. Cuando cada mañana se asoma por la puerta, los chicos, aun los más graves, levantan la cabeza y sonríen. Y son las sonrisas más hermosas que he visto. *(Ana, negando avergonzada, esconde el rostro)* Y en el anexo de ancianos, la esperan, ¡no saben cómo! Ella es calor para el frío, amparo para la intemperie, sueño para el insomnio. En vano que yo recomiende medicamentos, ella es el mejor remedio.

Julia: *(va hacia Ana, cariñosamente le descubre el rostro)* Vamos, Ana, Anuchka, no seas tímida, no seas modesta. Nuestro amigo dice verdad. Yo siento tanto no tener tu carácter.

Ana: Es fácil para mí. Amo a los niños. Los viejos. Unos empiezan a vivir y otros terminan, pero unos y otros se encuentran en la indefensión. Y me parece que si los ayudo, tendrán fuerzas, los niños empezarán alegremente y los viejos terminarán... curiosos, a ver qué es eso, la muerte...

Julia: Suena tan simple en tu boca. Pero yo carezco de tu ánimo, tu generosidad. Por eso todo el mundo te quiere.

Director: Todo el mundo.

Ana: *(lo mira)* ¿Usted también?

Director: *(responde a su mirada)* Yo también. Más que ninguno.

Manuel: *(después de un momento)* Ana, me debés algo. Una pequeña canción, ¿sí?

Ana: ¡Oh, no!

Julia: ¡Por favor, Ana!

Manuel: Sin excusas. Tu hermano te lo pide.

Director: Yo se lo pido. Encarecidamente.

Ana: *(lo mira)* Para usted, entonces.

Manuel: ¿Para nosotros no?

Ana: *(sonríe)* Para todos. *(Canta, y bien)*

Director: ¡Delicioso!

Manuel: *(abrazándola)* Cantás maravillosamente. Pero sos avara en hacerte escuchar.

Ana: No. Tu oído es más generoso que mi voz. *(Él la besa en la frente)*

Julia: Di orden de que nos despierten mañana temprano.

Ana: *(con alegre sorpresa)* ¿Por qué? ¿Para qué?

Julia: Una excursión al río.

Ana: ¡Hermoso! Lo pensaron para mí seguro. Pero yo no puedo...

Manuel: Claro. Para vos. Te gusta el agua.

Julia: Comer sobre la hierba.

Manuel: Fue idea de los dos.

Ana: *(se acerca a Julia, impulsivamente la besa en la mejilla)* Son tan buenos conmigo.

Manuel: Callate. ¿Cómo no ser buenos con vos?

Ana: Pero mañana no puedo porque el hospital...

Director: Mañana es domingo. Y usted descansará. Es una orden. Y además, yo seré de la partida.

Ana: Usted...

              (Entra el mucamo. Es el viejo del geriátrico, pero tiene uniforme y está erguido)

Mucamo: Perdonen que los interrumpa. *(A Manuel)* Usted es tan amable que no quisiera abusar.

Manuel: Amigo mío, bien sabe que nunca me molesta.

Mucamo: *(se inclina)* Le agradezco profundamente. Unos locatarios lo solicitan, señor.

Ana: Que pasen.

Manuel: *(cariñosamente)* ¿Cómo van a pasar, tonta? Los atenderé en la puerta.

Ana: No, Manuel. En el escritorio.

Manuel: La puerta o el escritorio no notarán la diferen-
            cia. Y si la notan, el escritorio los intimidará.

Ana: Hace frío.

Manuel: Yo también lo sufriré, el frío. *(El mucamo le co-
            loca un abrigo sobre los hombros)*

Ana: No seas malo.

Manuel: *(bromista)* ¿Cómo? ¿Recién era bueno y ahora
            soy malo?

Ana: Bueno conmigo. Malo con los otros.

Manuel: Nunca soy malo con nadie. *(Sale con el mucamo)*

Director: ¿Qué es lo que quieren?

Julia: Querrán lo de costumbre.

Ana: Gracia. Y Manuel la concederá.

Director: ¡No, no! ¡Cállese, bebita!

Julia: No tenés experiencia del mundo. Esos traba-
            jan poco y pretenden grandes resultados. Hay
            que sudar de sol a sol para obtener comodida-
            des. ¿Te acordás cómo sudábamos en la cose-
            cha? Manuel es un blando, una gelatina.

Director: Mejor que se endureciera un poco.

Ana: Sin embargo... ¿Qué cosecha?

(El Director la chista cariñosamente)

Julia: Manuel se deja convencer. Le cuentan una desgracia y se emociona. Se echa a llorar y los bendice. Cuántas veces lo he oído decir: vayan con Dios.

Ana: Tienen hambre. Al hospital vienen muy flacos.

Director: Ana querida, no escuche cantos de sirena. Hambre, hambre, hambre, ¡qué aburrimiento!

Julia: Están vivos. Algo comen.

Ana: Al hospital vienen...

Julia: Es la impaciencia la que los manda al hospital, no el hambre. Quieren ser felices, estar cuidados. Y de esos *(señala la puerta)* me ocuparé yo. No te preocupes. No se irán con las manos vacías. Manuel es un blando, así que sólo deberé insistir un poquito.

Ana: *(le salta al cuello)* ¡Lo sabía, lo sabía! *(Julia la aparta suavemente)* ¿Y...? ¿No vas?

Julia: Después. No hay mejor lugar para convencer

a un hombre que el lecho. Pierden la cabeza con los mimos. Pienso cuándo te casarás. Felices de tenerte con nosotros. No es que seas un estorbo, pero... Deberías formar tu propia familia. ¿Hasta cuándo rechazarás pretendientes?

(El Director asiente calurosamente)

Ana: Sólo por un tiempo. Atiendo tantos chicos en el hospital que...

Julia: *(cambia de tono)* No me hablés de ese hospital. Apesta.

(El Director tuerce la cabeza, dubitativo)

Ana: ¿Apesta? No tenemos muchas cosas para atenderlos, pero... Está limpio.

Julia: *(con dureza)* ¡Fregona!

Ana: ¡Julia! Sí, friego, ¿qué importa? El doctor dice que yo soy...

Julia: ¡Imbécil! ¡Si al menos trajeras bastante plata a casa!

Ana: Traigo todo. *(Angustiada, cierra fugazmente los ojos, se lleva la mano al pecho como si buscara la cadenita)*

Ana: ¡Gran suma! Te tenemos lástima. *(Con urbani-
            dad)* Dígame, doctor, ¿qué se puede hacer si-
            no tenerle lástima?

Director: *(falso y exagerado)* ¡Oh, no!

Ana: Recién eras... tan bondadosa.

Julia: ¡Lo soy!

Ana: Hablame con cariño.

Julia: El cariño se acaba. Se me acabó hace rato.

Director: *(pasea estrujándose las manos)* ¡Qué asevera-
            ción tan tajante!

Ana: Cuando cantaba, tenías un rostro... de niña.

Julia: *(halagada)* ¿Yo?

Ana: No me hacías caer en esta oscuridad.

Julia: *(se sienta. Bruscamente, sonríe)* Perdoname. Per-
            dí los estribos. Digo lo que no pienso. Soy una
            mujer histérica. Me cortaría las manos antes
            que herirte.

Ana: Me asusté. Yo... ¿yo no estoy de lástima, verdad?

Julia: ¡Por favor! ¿Hubiéramos pensado la excur-

sión al río, Manuel te haría tanto caso? Hasta
prefiere conversar con vos que conmigo.

Ana: ¿Sí?

Julia: Sí.

            (Entra Manuel)

Manuel: *(sonríe)* ¿Dónde está mi hermanita? La extrañé.

Julia: ¿Qué querían?

Manuel: Ventajas, prórrogas. Viven de esperanzas. Ten-
            drán lluvias convenientes y sol a tiempo. Con
            las primeras lluvias, el agua les llegará hasta
            aquí. *(Se señala la frente)* Me chupo el dedo.

Ana: Les concediste otro plazo.

Manuel: Sí.

Ana: ¡Manuel querido!

Manuel: *(fríamente)* Otro plazo hasta que sean viejitos,
            hasta que el cuerpo se les derrumbe y se
            mueran. ¿Eso querés?

Julia: ¡Nos costó tanto sacrificio la fortuna! ¡Cómo
            sudábamos en la cosecha!

Manuel: Ya esperan otros que por menos trabajarán el doble.

Ana: ¿Y qué pasará con...?

Manuel: ¿Con quiénes? ¡Se van! ¡Humo! ¿Existen? Para mí no. ¿Julia? ¿Para usted, doctor?

            (Julia y el Director niegan con ánimo bromista, se encogen de hombros)

Ana: No entiendo.

            (Julia y el Director ríen cariñosamente)

Manuel: Esta cabecita no entiende nada de nada. ¿Qué se le va a hacer?

Ana: No esta situación. Pero yo entiendo. ¡Yo entiendo!

Manuel: De finanzas nada. Y nada de nada. Caminás con el pie derecho y tropezás con el izquierdo. *(Imita burdamente)*

Julia: Manuel, no la atormentes.

Manuel: No quiero, pero me saca de quicio.

Ana: Manuel, soy tu hermana menor. Siempre me preferiste.

Manuel: *(ríe)* No había otras para elegir.

Director: ¡Ay, ay! La discusión se pone densa.

Ana: Me regalaste esta cadena de oro, ¿te acordás? *(Se refriega el pecho)* Me llevaste en tu velero. Fuimos a la isl...

Manuel: *(como si empezara a recordar, sin ganas)* Ah, sí. La isla. Fue hermoso el viaje.

Ana: Los dos solos.

Manuel: *(más entusiasta)* Claro. Nos bañábamos en la laguna de agua dulce y en el mar transparente...

Ana: Podemos repetirlo cuando quieras.

Manuel: No sé si quiero.

Ana: ¿Te aburriste?

Manuel: ¡No! *(Duda)* Sin embargo...

Julia: *(interrumpe)* Sin embargo, nada. *(Señala al Director)* Los aburridos somos nosotros. *(Da unos pasos de baile)* Me gustaría estirar las piernas. ¿Doctor?

Director: Soy un negado. Yo miro.

Manuel: Bailaré con mi mujer. Perdoname, bichito. Te desatendí.

Julia: *(mimosa)* ¡Y cómo!

Ana: Sí, sí, bailá con Julia. ¡Será una fiesta!

Manuel: Corazón flojo. Pensás únicamente en la diversión. Ya te olvidaste de los pobres. *(La voz ronca)* Me arrancaron lágrimas.

Ana: No me olvidé. Quería alegrarte. Estabas tan enojado...

Manuel: ¿Yo enojado? ¿Enojado con mi hermanita preferida? Fui cruel, lo sé. *(Tropieza el pie izquierdo con el derecho)* Julia, si no te ponés celosa, bailaré con Ana.

Ana: *(se ilumina)* ¿Conmigo?

Manuel: Me sigue mejor que vos.

Julia: No me ofendo ni me pongo celosa. Ninguna elección más acertada. Bailen. No me canso de verlos.

(Manuel parece que va a encaminarse hacia Ana, quien lo espera con una sonrisa. Él sonríe a su vez con una sonrisa ambigua, da media vuelta y enlaza a Julia. Se quedan inmóviles)

Director: Ana... *(Ella gira la cabeza hacia él, le sonríe desvalida)* No sé bailar, pero me gustaría abrazarla. La amo, lo sabía, ¿verdad?

Ana: El viejo del geriátrico...

Director: ¿Quién?

Ana: El gruñón. ¿Puedo pedirle algo?

Director: Lo que deseé. Cuanto más difícil, más feliz me hará.

Ana: Quiere mate. Y... si es posible... bizcochitos.

Director: *(se oscurece)* No puedo estar en todo. Usted sabe que no puedo estar en todo.

Ana: ¿Usted me ama?

Director: Sí. No he hecho más que amarla toda mi vida. En silencio, como alguien que no tiene la mínima esperanza de ser correspondido. Pero ahora, la esperanza está, sólo sueña...

Ana: ¿Qué?

Director: *(acerca su rostro como para besarla. De pronto se tienta, aguanta la risa)* ¡Bop! ¡Bop! ¡Con esa facha! *(Se dobla en dos, riendo)* ¿Cómo cree...?

Ana: *(entrecierra los ojos)* ¡Debe besarme! ¡Debe besarme! *(Él se arrodilla en el suelo, le toma la mano, se la besa repetidas veces. Ella respira entrecortadamente, como una niña después de un susto)*

Escena 4

La habitación del geriátrico. El viejo está sentado en el suelo, una corta cadena en un tobillo lo sujeta a los barrotes de los pies de la cama. Busca una posición cómoda, no la encuentra y se queda quieto. Tiene una expresión angustiada, pero cuando entra Ana con el balde y el cepillo, intenta retomar su aire habitual. Ella se inmoviliza al verlo.

Ana.   Vendrá el director y pondrá el grito en el cielo.

Viejo: Fui al Colón. No, no fui.

Ana: Y dirá: ¿cómo es posible que no haya ido al Colón? *(Alterada, va hacia la puerta, espía)* No... no llegó aún. Pero cuando llegue...

Viejo: *(ácido)* Exclamará: ¡pobre viejo!

Ana: Sí. Hay un candado. *(Tironea de la cadena)* ¿A quién se lo ocurrió? ¿Cómo...? ¿Cuándo fue?

Viejo: Menos pregunta Dios y perdona.

Ana: Yo pregunto... porque no necesito perdonarlo.

Viejo: Quise cambiarme para ir al Colón. Me había regalado dos entradas.

Ana: Tiene los pies fríos.

Viejo: Sí. Estoy helado. ¡Dejá de toquetearme!

Ana: Hablaré con el director. No puede estar en todo. Por eso...

Viejo: ¡No! Con ése no. Él me puso aquí.

Ana: Imposible.

Viejo: ¡No voy a saberlo!

Ana: ¿Y por qué?

Viejo: Armé escándalo. Quería ir al Colón. ¿Por qué me regaló dos entradas si no podía ir?

Ana: Le traigo una silla. *(Lo mira. Se olvida de su ofrecimiento)* Quiere... ¿quiere que le muestre? *(Se lleva la mano al escote)*

Viejo: Hoy no me interesa. Tengo otras preocupaciones.

Ana: Comió.

Viejo: Té.

Ana: ¿No le dio... bizcochitos con grasa?

Viejo: Me sacaron a patadas del comedor. ¡Bizcochitos con grasa! ¡Ja, ja!

Ana: Pero él dijo... ¿No le dio cigarrillos?

Viejo: ¡Sí!

Ana: ¿Y caramelos?

Viejo: ¡Sí! Y después me quitaron todo, por el cáncer de pulmón y la diabetes, ¡y la mar en coche!

Director: *(entra. A Ana)* ¿Qué hace aquí?

Ana: Conversaba con el señor.

Viejo: *(intenta enderezarse)* ¡Yo!

Ana: Tiene que vestirse para ir al parque.

Director: Usted está loca. No se meta con los residentes.

Se lo dije. Usted barre, limpia, lleva las escupideras. ¡Muerta para el resto!

Ana: Está... encadenado.

Director: Yo lo ordené. No tenía otra. Alborotó toda la noche.

Viejo: Vendrán mis hijos y usted verá.

Director: ¡Chist! ¡Cállese!

Viejo: Vendrán.

Director: Su hijo paga y huye. El menor. Porque los otros...

Viejo: ¡Lloraron! Lo que me dice... ¡a mí!

Ana: Su hijo es bueno, un alma grande.

Viejo: No tanto...

Ana: Y los otros sufren más porque no tienen plata para su pensión.

Director: Paga y huye. No pregunta, no quiere saber del clavo. Y los otros... nacieron de un repollo, si te he visto no me acuerdo.

Ana: *(bajo)* Lo quieren, lo quieren.

Director: A la tarde le haré sacar las cadenas, le daré seis sedantes, pero ¡juicio! ¡No vaya a hacer escándalo! *(A Ana)* Y usted, ¡a limpiar los pasillos! *(sale)*

Ana: Sí, en seguida. *(Recoge el balde y el cepillo)*

Viejo: ¡No te vayas! Me dijiste que me ibas a traer una silla. *(Ana busca la silla de metal, lo ayuda a sentarse, torcido en una punta, porque la cadena no da para más)* Ah, estoy más cómodo. ¿No querés conversar?

Ana: El director me ordenó limpiar los...

Viejo: Fue lindo el otro día. No podés hacer que vuelva... más amable y... me quite esto... y me regale...

Ana. Sí.

Viejo: Me quedo tranquilo, las manitos puestas acá. *(Contraído, las extiende sobre los muslos. Ana lo mira, seria)* Pero antes sonreías. *(Ana intenta una sonrisa)* No así. Era una sonrisa mejor. Todo cambiaba. Esa me provoca escalofríos. Me canso de estar inmóvil.

Ana: *(intenta sonreír)* ¡Oh, Dios mío, me da mucha pena! *(Llora)*

Viejo: *(horrorizado)* ¿Por qué llorás? ¡Qué porquería!
             ¡Hace años que no veo! ¡No quiero ver llorar!
             (Se cubre la cabeza con las manos)

Ana: *(mira al viejo. Contiene su llanto, se enjuga las lá-*
             grimas. Lo toca suavemente) Abue... Señor Pé-
             rez... Perdóneme. Me dolía el estómago.

Viejo: *(levanta la cabeza, la mira)* Sos floja.

Ana: Sí.

Viejo: ¿Ahora te duele?

Ana: No. Ya no. Un calambre. Como vino, se fue.

Viejo: ¿Y entonces? Yo estoy preparado. Me diste un
             susto. *(Se acomoda en la silla)* Listo. Las mani-
             tos... *(Las extiende, contraído, sobre los muslos.*
             Mira a Ana, espera ansioso) ¡Sonreí! *(Ella sonríe*
             sin alegría) Bueno, ¿qué pasa? *(Mira a su alre-*
             dedor) ¡No pasa nada!

Ana: No se impaciente.

Viejo: Por ahí no estoy receptivo. ¿Cómo tengo que
             ponerme?

Ana: Así está bien.

Viejo: ¡Cómo voy a estar bien! Torcido en esta silla, muerto de frío. Pero vos podés. ¿No que podés?

Ana: Sí. Vendrá... el director y le dirá: ¿cómo me han puesto al señor Pérez en estas condiciones?

Viejo: *(asiente calurosamente)* Sí.

Ana: Se alterará. Lo... lo llevará al parque...

Viejo: ¡Con los palos borrachos!

Ana: Él mismo. Con un brazo sobre sus hombros.

Viejo: Me dará caramelos. Y me los comeré uno tras otro para que después no me los quiten. *(Pausa)* ¡Bueno, estoy esperando! *(Ansioso y desesperado)* ¡Por favor, por favor! ¡Fue tan hermoso el otro día! ¡Pude desear no importa qué...!

Ana: *(con una semisonrisa, los ojos cerrados)* Fue hermoso.

Director: *(entra, saluda alegremente)* ¡Cómo me gusta verlos juntos! ¡Qué satisfacción!

Viejo: *(feliz)* ¡Ella creía que debía limpiar los pasillos! Es una esclava de acá. *(Se señala la cabeza)* Pero tiene que cuidarme a mí. ¿No que tiene que cuidarme a mí?

Director: Constantemente.

Viejo: Mire. Estoy encadenado. No es una buena terapia.

Director: Amigo mío, la terapia la decido yo.

Viejo: *(se desconcierta brevemente)* Señorita... ¿Cómo debo entenderlo? *(Ana abre los ojos, la expresión triste. Viejo, al Director)* ¡Claro! Usted nunca decidiría una... ¡una burrada!

Director: *(a Ana)* Siempre aquí, papando moscas. ¿Y los pasillos? ¡Mugrientos!

Ana: Ya los limpié.

Director: Están... ¡Brillan!

Viejo: Ya que vino, las cadenas... Me pusieron cadenas... Ja, ja, el personal perdió la cabeza. Usted no puede estar en todo, ¿verdad?

Director: Yo lo ordené. Así no se extravía.

Viejo: ¿No es un poco excesivo? ¿Cómo voy a ir al parque... a... al Colón? ¿Cómo me encuentra? Un joven de...

Director: Decrépito.

Viejo: ¿Decrépito?

Griselda Gambaro

Director: Listo para el hoyo.

Viejo: ¿Qué dice? ¿Yo... yo listo para el hoyo? *(A Ana)* ¡Es tu culpa! ¡Podías cambiar todo! ¿Y ahora? ¿Por qué querés mortificarme?

Ana: Lo llevaré conmigo.

Viejo: ¡No me prometas nada! ¡Inútil! ¡Mirá! *(Agita la cadena)*

Ana: Lo llevaré en un velero. Le gustará el mar. Verá las gaviotas que nos siguen, el agua lamer el casco y el horizonte tan abierto...

Director: La única agua que conoce es esa. *(Señala el balde)*

Viejo: ¡Se burla! ¡Se burla de nosotros! *(A Ana)* ¡Yegua! ¡Vos te burlás de mí! ¡Te bajo los dientes! *(Intenta atacarla, pero sólo consigue caerse de la silla)*

Director: Cálmese. No vale la pena. *(A Ana)* Desaparezca. Vaya a limpiar los pasillos. ¡Vaya! *(Ana recoge el balde y el cepillo y sale)*

Viejo: Bueno, ahora estamos solos sin esa estúpida. Tendría que sentarme en la silla y poner las manitos así... *(El Director va hacia él y lo ayuda a sentarse)* Y entonces usted... ¿Por qué no la echa?

Director: No puedo. La recomendó su hermano.

Viejo: No la aguanto. ¡Tantos prolegómenos con esa sonrisa de mierda para esto!

Director: ¿Qué hacía? Porque hacía algo, ¿verdad? Apenas me vuelvo de espaldas sospecho que ella, tan boba, se ríe de mí.

Viejo: ¿Ella? No hacía nada. ¡Se daba aires! Me ponía las manos así y cerraba los ojos y sonreía... ¡con esa sonrisa de mierda!

Director: ¿Y?

Viejo: Y usted, ¿se acuerda?, venía y me regalaba entradas para el Colón.

Director: *(asombrado)* ¿Yo?

Viejo: La boba se apropiaba del mérito. Usted es bueno por naturaleza. Tan cordial. Me sentó en la silla.

Director: *(ambiguo)* Cordial...

Viejo: ¡Se ve!

Director: ¿Y bueno, dijo?

Viejo: ¡Buenísimo!

Director: Carezco de maldad, es cierto. ¿Eso es ser bueno?

Viejo: ¡Claro! *(Lo mira ansiosamente. El Director sonríe como un niño ante un elogio)* Entonces, las cadenas...

Director: *(avanza un paso hacia él. Se detiene, lo mira largamente, inmóvil. El viejo tironea de la cadena, la deja caer. Poco a poco inclina la cabeza, se agobia)*

Escena 5

La casa. Entra Ana con el viejo, descalzo, en camisón. De vez en cuando se oye un llanto.

Ana: Pase. Está en su casa.

Viejo: ¿Estás segura de lo que hiciste?

Ana: ¿Qué hice? Invitarlo a mi casa.

Viejo: ¿Es tuya?

Ana: De mi hermano. Pero él ignora lo que es tuyo y mío.

Viejo: ¿Oís?

Ana: ¿Qué?

Viejo: Un llanto.

Ana: *(atiende)* No. Nada.

Viejo: Sos sorda.

Ana: Debe de ser un eco de todos los llantos que oyó.

Viejo: ¿Quién te dijo que oí llantos? Oigo éste.

Ana: ¿Cuál? *(Atienden. Silencio)*

Viejo: Se calló. Está tomando fuerzas.

Ana: ¿Quién? Sólo está Julia en su cuarto. Se peina. Cien veces pasa el cepillo por su pelo rubio. Le queda brillante como el oro.

Viejo: ¿No rezongará?

Ana: ¿Ella?

Viejo: Tu hermano.

Ana: Es bueno como un pan de Dios. Y su mujer lo mismo.

Viejo: Para mí, que cuando me vea me echa a patadas. Y su mujer lo mismo.

Ana: Qué desconfiado. Santo cielo, no desconfíe tanto de los otros. Siéntese. Le traeré pantuflas. Y un té. ¿Quiere un té?

Viejo: Mate. No quiero nada. Quiero volver al geriátrico.

Ana: Pero, abue... señor Pérez, no le gusta estar allí.

Viejo: Tampoco aquí. Después me desilusiono más. *(Se oye el llanto)* ¡Lo oigo!

Ana: No le va a ocurrir eso. Será bienvenido. Nadie lo echará.

Viejo: ¡Sí! No te creo. Me robaron las entradas del Colón, no fui al parque. ¡Me tomaron por idiota! *(Ana cierra los ojos, se lleva la mano al pecho)* ¡No me convencés cerrando los ojos! *(La mira, cede)* ¿Me podés sacar unos años?

Ana: *(abre los ojos, sonríe)* Los que quiera.

Viejo: *(ríe)* ¡A ver si aparezco con pañales! *(Se desarma)* Con pañales...

Ana: Señor Pérez, venga conmigo, venga más joven, venga con los pies calzados con pantuflas.

Viejo: ¡Soñás muy corto! ¡Pantuflas! Para qué voy a
estar lamiendo el piso ¡si puedo!... puedo...
Nada.

*(Entra Julia desde el interior, despeinada, el rostro
muy golpeado, los ojos hinchados de llorar. Permanece junto a la puerta)*

Ana: Puede todo si confía. Veinte años. Vendrá Julia a cebarle mate.

Viejo: ¿Dulce?

Ana: Muy dulce. *(Cierra los ojos)* Vendrá Julia con
su pelo de oro. Y un vestido negro, largo.

Viejo: ¿Y me dirá si me puedo quedar?

Ana: Sí.

Viejo: *(la descubre junto a la puerta)* ¡Llegó! Con su vestido negro. Pero no es rubia... *(Ana abre los
ojos. El viejo sonríe, indeciso. A Julia)* ¿Cómo está?

Ana: *(mira a Julia. Con desconcierto)* ¿Qué te pasó en
la cara?

Julia: Una caricia.

Ana: ¿Tan... fuerte?

Julia: Idiota. Tu hermano me golpeó.

Ana: *(trastornada)* No. Manuel no puede... No fue él. Es un hombre bondadoso, nunca tuvo conmigo un gesto violento. Con nadie. *(De golpe grita)*

Viejo: Me duele el tobillo. *(Se lo refriega)*

Julia: *(llora de rabia)* ¡Lo odio!

Viejo: *(aterrorizado)* ¡Llora!

Ana: Te busco hielo. Le hablaré. Lo diré que no puede..., de ningún modo puede...

Julia: Y apenas le hables, me pedirá perdón. Le decís una palabra y se conmueve. Una súplica tuya y caerá de rodillas ante mí, tan arrepentido que quisiera estar muerto.

Ana: ¡Sí!

Julia: ¡Qué necia! Te hace tanto caso como a un resto de comida que se traga o se escupe. Menos aún.

Ana: ¡No es cierto! *(Se cubre la boca con la mano para ahogar un grito)*

Julia: Babosa. Aunque te babosees con él, no podrás tenerlo en tu cama. ¡Yo lo tengo!

Ana: ¡Te pega!

Viejo: *(nervioso)* Yo me voy. ¿Para dónde debo agarrar? ¿Izquierda, derecha? No recuerdo muy bien...

Julia: Agarre para cualquier lado. ¿A quién le importa?

Ana: No se asuste. Yo lo llevo más tarde.

Viejo: ¡Quiero volver ahora! ¡Quiero volver al hogar! ¡Quiero volver! *(Se le prende de la ropa)*

Ana: Espere. *(Lo lleva hacia una de las butacas)* Siéntese. Se acuerda, el otro día... Usted abre grande los ojos, yo cierro los míos, y Julia empezará a conversar, ¡no sabe qué espíritu ocurrente tiene! Me mata de risa.

Julia: Te mataría a golpes. ¡Cuántas bobadas! Sacá a este viejo de aquí. ¿Quién te dijo que lo trajeras?

Ana: Manuel quiere conocerlo.

Julia: *(ríe)* Se fue de mal humor. ¿Ves? *(Le muestra el rostro)* Pega fuerte.

(Entra Manuel de la calle. Julia escapa)

Ana: ¡Manuel! Te esperábamos.

Manuel: ¿Para qué? ¿No trabajás? ¿Y este viejo?

Ana: Es del geriátrico.

Manuel: ¡Chist! Levántese.

(El viejo se incorpora rápidamente)

Ana: Lo traje para que... lo conocieras.

Manuel: Mucho gusto.

Viejo: *(se tranquiliza)* El gusto es mío.

Ana: *(salta al cuello de Manuel)* Hermanito. Sabía que no te molestaría. Como viene la Navidad y él está solo... *(Al viejo)* ¡Le traigo las pantuflas! *(a Manuel)* Siempre tiene los pies fríos. *(Sale)*

Manuel: Qué lástima.

Viejo: *(contento)* Son los años. Espero que las pantuflas estén en desuso. De otro modo sería... no sé... abusar...

Manuel: Sí. No están en desuso. Son mías.

Viejo: *(complacido)* ¡Esta muchacha...!

Manuel: *(ambiguo)* Tan generosa...

Viejo: Me da sus pantuflas, ¡me invitó para Navidad...!

Manuel: *(abre la puerta)* Ya tengo bastante. Salga. No vaya a mearme el piso.

Viejo: *(ofendido)* Yo... ¡yo retengo!

Manuel: Váyase.

Viejo: ¿A... adónde? No me acuerdo dónde queda el... ¡Me pierdo!

            (Manuel lo agarra por la espalda del camisón y lo echa. Cierra la puerta. Luego se sienta, se saca los zapatos)

Ana: *(entra con las pantuflas. Busca al viejo con la mirada)* ¿Se fue?

Manuel: Hace un ratito.

Ana: *(se desconcierta)* ¿Solo?

Manuel: Solo.

Ana: Seguro que rejuveneció de golpe.

Manuel: Sí. ¡Si vieras qué ágil! *(Hay un tímido golpe en la puerta)* Gracias por las pantuflas. *(Señala sus pies. Ana le sonríe entre asustada y perpleja. Se acuclilla frente a él y le calza las pantuflas. Lo mira. Manuel le toma el rostro entre las manos. Acerca su rostro)* Te dije que nunca trajeras a nadie. Esta es mi casa, no la tuya.

Viejo: *(golpea la puerta, asoma tímidamente la cabeza)* Señor... Disculpe. *(A Ana)* ¿No podrías...? No sé dónde queda el...

Ana: Lo acompaño.

Manuel: Que se pierda. Prepará algo de comer. No te distraigas. ¿Viste cómo quedó Julia? Quedarás peor. *(La empuja)* ¡Movete!

Viejo: Señor, ¡me sacó a la fuerza del geriátrico! ¡Yo no quería!

Manuel: *(sonríe peligrosamente)* Lo sacaste a la fuerza...

Ana: ¡No! ¡Vino tan contento! Le hablé de la Nochebuena...

Manuel: Que pasaría aquí. *(La pellizca fuertemente)* ¡Movete!

Viejo: ¡Yo no quería! Y ahora, ¿en qué calle estoy? No me acuerdo... ¿Para dónde ir? ¡No sé, no sé...!

Manuel: *(con una sonrisa oscura)* Yo le indico. Llegará en seguida.

Ana: Lo acompaño. Es sólo un segundo. O mejor... *(cierra los ojos, se los aprieta con los dedos, se lleva la mano al pecho)*

Viejo: *(contento)* ¡Me acuerdo! ¡Me acordé de pronto! ¡Doblando a la izquierda y después...! ¡Me voy antes de que me olvide! *(Desaparece)*

Manuel: *(gira lentamente hacia Ana, se acerca, le pone la mano sobre el hombro)* Ana. *(Ella levanta hacia él un rostro iluminado, él tiene una sonrisa indecisa)* ¿Qué pasó?

Ana: La ventana.

Manuel: *(perdido)* ¿Qué?

Ana: Hicimos un viaje, ¿te acordás? En un velero de tres mástiles. Navegamos mar abierto. Está amarrado en el muelle, tan cerca de la casa que podemos tocarlo. *(Va hacia la ventana y la abre. El exterior vacío. Perpleja)* Estaba aquí, con los tres mástiles y las velas esperando el viento...

Manuel: ¿Y dónde está? Yo sé.

Ana: ¿Sí? En dique seco después del viaje.

Manuel: *(ambiguo)* ¡Qué viaje!

Ana: Largo, pero en un mar tan sereno, transparente.

Manuel: *(con esfuerzo)* Nudo tras nudo, el barco hendía el agua...

Ana: Hacia la isla. Navegó maravillosamente. Debe sufrir en dique seco. Pero saldrá de ahí limpio, curado de raspaduras.

Manuel: Lo cargamos mucho. Quisiste llevar la mecedora de mamá, su cama, la colcha tejida... Hasta el perrito.

Ana: *(ríe)* ¡Se mareaba! Había lugar, dijiste.

Manuel: Sí, mucho lugar en el velero.

Ana: Y en la isla desembarcamos todo, ¿te acordás? ¡Qué júbilo sentimos! Levantaste una choza con tirantes de madera, techo de paja... El paraíso.

Manuel: No la avistamos.

Ana: ¿Qué?

Manuel: *(remeda)* ¿Te acordás? No llegamos a ninguna parte.

Ana: ¡Sí, a la isla! ¡En el velero!

Manuel: *(con odio)* Se hundió. Apenas salimos del
            puerto, se hundió. Ni siquiera fue un naufra-
            gio. Fue una basura que chupó el mar. Esta-
            ba podrido. Hacía agua, maderamen podri-
            do, velas podridas, sueños podridos. Me con-
            venciste −¡seré tu timonel y tu grumete!− y ca-
            si me ahogo en ese cascajo.

Ana: *(cierra fuertemente los ojos, niega con la cabeza)*
            ¡No! ¡No es verdad! ¡No, no! ¡No es verdad!

Manuel: ¡Sí, sí! Lo es. Tragué agua, tragué brea. Tuve
            miedo. *(Avanza hacia Ana, la toma por sorpresa
            y la levanta en sus brazos)* ¡Te arrojo! ¡Tres pi-
            sos abajo y quedás hecha papilla! ¡Puré!

Ana: *(se debate)* ¡No, no! ¡Perdoname!

Manuel: *(la sujeta fuertemente)* ¿De qué? ¿No fue hermo-
            so el viaje, no era hermoso el velero? ¡Hablá!

Ana: ¡No, no era hermoso!

Manuel: Un cascajo.

Ana: *(se le caen las lágrimas)* Un cascajo.

Manuel: Podrido. *(Sonríe)* Igual te arrojo.

Ana: ¡No!

Manuel: ¡Nadie me acusará! Se tiró de cabeza. No te-
           nía nada adentro. ¡Un clavo menos en el
           mundo!

Ana: ¡Te arrastré, te convencí! ¡Perdoname! ¡Ma-
           nuel, perdoname!

           (Manuel la levanta un poco más como si fuera a
           arrojarla. De pronto ríe y la deposita brutalmente en
           el suelo. Ana grita, ya no de susto sino como ante un
           horror que no puede soportar. Huye hacia el interior
           mientras el viejo golpea la puerta, desesperado)

Viejo: *(desde afuera)* ¡Me pierdo! ¡No sé dónde que-
           da, no sé, no sé! *(Golpea)*

           Escena 6

El geriátrico, las dos camas de metal y la silla. En una de las ca-
mas duerme el viejo. Sobre el respaldo de la cama, una corona de
muérdago. El Director está inclinado sobre el viejo. Se aparta, va
hacia la salida, tropieza con Ana. Algo ha cambiado en ella, co-
mo si tuviera otro tipo de lucidez, más triste y secreta.

Director: Se retrasó.

Ana: ¿Sí? *(Sonríe débilmente)* Dos minutos.

Director: La disculpo porque es Nochebuena. Y porque es Nochebuena le permito cuidar a un residente privilegiado. ¡Que no se le escape! La última vez lo trajeron hecho un asco. ¡Y fue culpa suya!

Ana: Lo siento.

Director: No importa. Mejor se hubiera perdido. ¡Pagan siempre con atraso! Soy un ingenuo. No escarmiento. ¿Sabe qué hice?

Ana: No.

Director: ¡Lo dormí demasiado! Dudo de que se escape.

Ana: *(mira)* Parece muerto.

Director: Dormido.

Ana: No le gusta que lo duerman.

Director: ¿Y a usted quién le pidió opinión?

Ana: Nadie.

Director: Eso quería oír. Me voy a casa. Me esperan con un arbolito.

Ana: Yo festejaré mañana. Pero tendré sueño.

Director: *(jocoso)* ¡Todo no se puede! La obligación primero. *(Eructa. Se lleva la mano al estómago)* Algo me sentó mal. *(A tientas, busca la silla, se sienta)*

Ana: No se asuste. *(Lo apantalla)* Un vahído.

Director: ¡Si no me asusto!

Ana: Le traigo alcohol. *(Busca, duda entre dos frascos sobre un estante. Elige uno, lo destapa)*

Director: *(aspira del frasco que Ana le acerca a las narices. Se bambolea)* No es alcohol. Ta... rada.

Ana: *(empapa su delantal y se lo aprieta en la nariz. El Director se debate débilmente, cae redondo)* Todo no se puede. Comer al mediodía, comer a la noche... Dormirá. Se perderá la fiesta, pero despertará bien, un poco asombrado. *(Lo arrastra bajo la cama vacía. Sacude al viejo)* ¡Chist, chist...! Despierte.

Viejo: ¿Eh?

Ana: *(lo apoya contra los barrotes de la cama)* Espéreme. Ya vuelvo. *(Sale)*

Viejo: Eh... Feliz... euh... *(Masculla, se desploma)*

Ana: *(entra. Empuja una mesita rodante de hospital, con dos vasos de papel, una botella de vino, pan dulce)* ¡Nochebuena! Noche de paz, noche divina... ¡Suenan las campanas! ¡Tan-tan-tan! Tan... *(Sonido ininteligible del viejo)* ¡Vamos, a despertarse! ¡Mire lo que se pierde! Abue... señor Pérez, ¿no me oye? *(Sonido ininteligible)* Siéntese. *(Lo sienta, se le desploma)* ¡No me falle! *(Saca agua del balde y le empapa el rostro)* ¡Despiértese!

Viejo: Te veo... euh... borrosa... ¿Dónde... dónde metiste... tu cara?

Ana: Siéntese. Tenemos fiesta.

Viejo: M... m... me... plancharon. Soy... buenito. Un bebé. Dejame dormir.

Ana: Le haré café. Bien cargado.

Viejo: *(salta)* ¡No! ¡No! ¡Café no!

Ana: Entonces despiértese.

Viejo: Pro-pro... hibieron café.

Ana: ¡Hoy está permitido!

Viejo: Soñá que duermo. Así duermo.

Ana: *(se entristece)* No sueño nada.

Viejo: Qué... *(Farfulla)*

Ana: En mi casa había una gran fiesta. Pero... preferí venir aquí. Se me antojó. Manuel se puso... *(sin convicción)* tan enojado porque preferí... *(Bruscamente)* Golpeó a Julia, ¿lo sabía? *(Rectifica con rapidez)* No, no la golpeó. La adora. *(Ríe)* ¡Y a mí quiso tirarme por la ventana! *(Endereza al viejo. Descorcha la botella, sirve en los vasitos. Le pone al viejo un vaso en la mano. Lo sostiene mal, se le vuelca. Ella alza el suyo)* Chin-chin. *(Bebe)* ¿Quiere pan dulce?

Viejo: Me... me-me lo prohib...

Ana: Pero un poquito puede comer. *(Le pone unas migajas en la boca. Él se atraganta y escupe)* Mastique.

Viejo: No tengo ganas. Soñá... que me dejás tranquilo. Andate en el velero.

Ana: Naufragó. Se fue a pique en algún lado...

Viejo: *(se incorpora con esfuerzo. La mira)* Te salvaste.

Ana: No me salvé.

Viejo: ¡Estás ahí!

Ana: Pobrecito, usted no entiende cuando las co-
          sas mueren.

Viejo: Por... ¡por suerte!... no enti...

Ana: Lo hacen tan silenciosamente... ¿Sabe? Cuan-
          do me desperté, cerré los ojos y era domingo.

Viejo: No era... doming...

Ana: No, no era. Era sólo un día más. Tuve que le-
          vantarme.

Viejo: Mis hijos... no vienen... los doming...

Ana: Vinieron hoy. Esta tarde. Usted dormía.

Viejo: No... los vi...

Ana: Estuve con ellos. Trajeron... el vino, el pan
          dulce. Estuve con ellos.

Viejo: ¿Con quiénes... estuviste?

Ana: Con sus hijos.

Viejo: Querían llevarme a casa.

Ana: Sí. Pero el director se opuso.

Viejo: ¿Por qué?

Ana: Mucha excitación. Eso: mucha excitación. Podría hacerle mal. Sólo entonces se conformaron. Pero les costó.

Viejo: ¿Tristes?

Ana: ¡Oh, tan tristes! Si los hubiera visto. Yo los vi. Querían conformarse, salir de la pena, y no podían. Cada uno estaba solo, como si no fueran hermanos, como si no se conocieran, el corazón desprotegido. El desamparo.

Viejo: *(la mira maravillado. En un susurro)* ¿Todo eso por mí?

Ana: *(con una mirada distinta, casi cruel)* Mañana estará más lúcido.

Viejo: Ah, son tan buenos...

Ana: Vendrá el director, se lo dirá él mismo.

Viejo: ¿Cuándo?

Ana: ¿Cuándo? ¡Ahora! Ya está aquí. ¡Salga! *(Por los pies lo arrastra de debajo de la cama, lo recuesta contra la pared, despatarrado. El Director eructa, ronca. De vez en cuando golpea en el suelo con una mano muerta. Ana, al Director)* Cuéntele cómo sufrieron sus hijos. Pálidos, acongojados.

Viejo: ¡Ronca!

Ana: Se lo diré yo.

Viejo: *(ansioso)* ¡Con todos los detalles! No te guardes nada. *(Silencio)* ¿Y?

Ana: Sus hijos...

Viejo: *(la ayuda)* Pálidos, acongojados.

Ana: No vinieron.

Viejo: ¡Sí, te equivocás! Esta tarde. Trajeron el vino, el pan dulce...

Ana: Sus hijos lo olvidaron.

Viejo: *(señala)* ¡El pan dulce!

Ana: *(con una sonrisa malévola)* Lo compré yo. A ellos, cuando se acuerdan de usted, se les pone la piel de gallina, los pelos de punta. Son jóvenes. No quieren saber de vejez, de achaques, de la vida que se acaba como se les acabará la propia. Les resulta una carga.

Viejo: ¿Yo? ¿Una carga?

Ana: Una eccema que no se va, un hueso que due-
           le. Un fastidio.

Viejo: ¿Qué... qué te agarró? ¿Por qué querés sacar-
           me todo?

Ana: *(desolada)* Nada que tenga.

Viejo: *(desvalido)* Tengo a mis hijos.

Ana: Lo olvidaron.

Viejo: ¡Qué cosa! Me... me olvidaron... No creo.
           ¡Abrí la ventana! Me ahogo. No hay un soplo
           de aire. ¡Movete! ¡Serví para algo! *(Ana abre
           la ventana a la luz de la noche. El viejo respira con
           ansiedad)*

Ana: *(lo mira. Se apiada)* Respire lentamente.

Viejo: Verano. ¡Tiempo puto!

Ana: Viejito...

Viejo: Soy... señor... Pérez para vos.

Ana: Viejito... yo lo quiero.

Viejo: *(esperanzado)* Vos me querés... *(No puede acep-
           tarlo)* Yo no. Estás aburrida. Odiosa. Me en-
           tretenías más cuando me contabas del velero.

¡Mirá si iba a creer que había allí bizcochitos con grasa!

Ana: No había. Se fue a pique, le dije.

Viejo: Entonces dejame dormir. *(Se encoge y le da la espalda)*

Ana: ¿No quiere escuchar? Me echaron de casa y vine a festejar con usted.

Viejo: ¿Quién te lo pidió? Festejá con un perro.

Ana: Yo también estorbo, como una cosa inútil. Mire. El pan dulce, el vino...

Viejo: *(la enfrenta)* Fueron mis hijos los del pan dulce... el vino... las peladillas... Pensaron en todo. Quién sabe cuántas cosas más trajeron y las hiciste desaparecer en el camino. Me compraron un traje. ¿Dónde está? Vendrán de nuevo porque me desean en casa. No por esta noche, para siempre.

Ana: No los conozco. Jamás los vi sentados al lado de su cama...

Viejo: ...Tomándome la mano... *(Reacciona)* ¿Y qué prueba si no los viste? ¡Envidiosa! *(Le da la espalda)* Herirme... así, envidiosa...

Ana: Nunca vienen. Pero no sufra. Yo vine a festejar con usted. ¿No le importa? Los dos juntos
en una gran fiesta. Soy su hija... Podría serlo,
¿no? Cuando usted era joven, me alzaba en
brazos y me prometía hermosos sueños... Tan
perfectos que ningún dolor los traspasaría,
ningún poder...

Viejo: *(llora quedamente)* De verdad... ¿me olvidaron?

Ana: *(intenta una caricia, pero el viejo, sin volverse, extiende el brazo hacia atrás y la rechaza)* No llore.
Tiene a su hija aquí, a la que prometió hermosos sueños... ¿Se acuerda? Con amor, se
preocupó por mi pan y el vestido, apartó las
piedritas de la vida que podrían lastimarme...
a mí, tan torpe, casi tonta. Pero usted me quería. Me cuidó en la salud, en la enfermedad...

Viejo: Eran... la luz, la luz de mis... pu-pu... ¡pu-
pu!...

Ana: De sus pupilas. Y yo en sus brazos olvidaba la
pena. Fue bueno conmigo...

Viejo: Los cuidé...

Ana: Fue bueno conmigo y no le estorbé nunca,
¿verdad? Y ahora está viejito, tan viejito que
no puede soñar más que la muerte, y yo el desamparo. Soy su hija... Padre, juntos en la

fiesta... *(Arrodillada del lado opuesto al viejo, abandona la cabeza y los hombros sobre la cama)*

Viejo: *(después de un momento, como si la tristeza de Ana le llegara y quisiera atenuarla de algún modo, estira el brazo hacia atrás. Sin volverse le acaricia la cabeza)* Juntos... Está bien, está bien. Gracias por venir... Gracias... Es una gran fiesta.

(Se quedan inmóviles. Mientras la luz baja, la ventana abierta descubre en el aire nocturno los mástiles y las velas del velero que avanza lentamente)

Telón

Este libro se terminó de imprimir
en agosto de 2002 en Primera Clase Impresores